LETTRES FAMILIÈRES SUR L'ITALIE

P. G.

PARIS
1869

NICE.

Septembre 1868.

I.

Mon cher Ami,

Que me demandez-vous sur mon voyage en Italie, mes impressions! Elles sont tellement complexes en ce moment, que si je les communiquais à cent personnes, j'aurais, j'en suis convaincu, cent contradicteurs; pour les uns je serais un profane, un barbare, ne se prosternant pas assez bas devant les souvenirs de l'antiquité; pour d'autres, ce serait le contraire. Si je m'avisais de glisser un mot de politique dans une rêverie, on m'appellerait ultra-libéral, républicain, démagogue, tandis que ceux qui méritent ces noms, crieraient au réactionnaire.

Vous ne vous figurez pas comme chacun en ce monde voit les choses suivant qu'il prend sa lorgnette par l'un ou l'autre bout. Je veux vous raconter de suite un épisode à ce sujet. Je suis parti par Nice, on m'a montré la maison où est né Garibaldi, et chacun a fait ses commentaires sur lui. Une dame, ennemie des révolutions et des révolutionnaires, me disait : « J'ai voulu
« savoir ce que pensaient les gens du pays,
« de leur compatriote, j'ai interrogé les
« voisins; ils m'ont répondu avec un ton
« dédaigneux, qui voulait dire : ce sont de
« pauvres gens, les Garibaldi, ce qu'on
« peut faire de mieux est de n'en pas par-
« ler. » Mais il se trouvait là un admirateur du célèbre aventurier; après s'être contenu pendant quelque temps, son admiration éclata, et il dit : « Moi aussi,
« Madame, j'ai voulu connaître l'opinion
« des Niçois, j'en ai interrogé beaucoup,
« et tous m'ont parlé de leur héros avec un

« enthousiasme réel, vrai, certain; ils ont
« en lui une confiance sans bornes, la
« meilleure preuve, c'est qu'à sa dernière
« tentative sur Rome, 150 volontaires sont
« partis de Nice pour se joindre à lui, etc. »

La discussion s'échauffa, et d'explications en explications, on reconnut que les deux interlocuteurs s'étaient adressés aux mêmes personnes, aux voisins, qui sans doute avaient dit la même chose, mais chacun avait compris avec ses opinions, avec ses idées préconçues, et rapportait de bonne foi ce qu'il croyait avoir entendu.

Puisque nous parlons de Nice, je veux vous dire encore un mot à l'appui de ce qui précède :

J'étais là chez des amis qui depuis dix ans vont y passer plusieurs mois chaque hiver; pour eux, Nice est la terre promise, mais tout le monde ne pense pas de même. Voici la boutade que nous trouvâmes un jour dans le *Figaro:*

« Encore une illusion qui s'envole!

« Nice, 30 janvier,

« Monsieur,

« Dans votre numéro du 29 janvier, vous songez mélancoliquement à ce qui se passe au bord de la Méditerranée, sous un ciel bleu où il fait chaud, où tout est parfums, douceur, calme, etc. »

« Je vous propose la rectification suivante :

« Au bord de la Méditerranée, sous un ciel gris, où la poussière est aveuglante et le froid remarquable, des rafales de vent décoiffent les maris les mieux coiffés et découvrent les jambes les mieux couvertes des dames (article rare ici), tandis qu'au centre de la ville, le Paillon, fleuve aux allures paisibles, continue à répandre une odeur qui n'est classée dans aucune sorte de parfums.

« Cependant tout est « douceur, » sauf pour deux cocottes qui s'administraient hier, en pleine rue, du fond de leurs paniers, une volée de coups de fouet, dont leurs domestiques recevaient la meilleure part ; et tout est « calme et bien-être, » sauf pour les décavés de Monaco, qui forment un total sérieux dans la population.

« Vous voyez, Monsieur, que votre imagination vous a entraîné un peu hors des sentiers de la vraie vérité.

« Sauf les points que j'ai eu l'honneur de vous signaler, Nice est un séjour charmant, et il est sage de venir ici quand on a les poumons malades, ne fût-ce que pour en finir une bonne fois. »

Mes amis étaient furieux. Pourtant il y a du vrai dans ces accusations : on voit souvent de la poussière à Nice, le Paillon n'exhale pas toujours de bonnes odeurs, le vent y est froid après le coucher du soleil. Mais comme le rédacteur avait retourné sa lorgnette ! avec quels verres grossissants il avait vu de petits inconvénients ! on pourrait croire que le jour où il écrivait ceci, il était entouré de décavés de Monaco ou qu'il n'avait pas retiré les lunettes de verre noir, employées pour préserver les yeux de l'action trop vive du soleil.

Voici le bilan de Nice pour l'hiver dernier. Le thermomètre, placé dans une salle exposée au soleil, a toujours donné de 15 à 20 degrés. Les soirées sont fraîches, les courants d'air désagréables. Il a plu ou neigé quatre à cinq fois. Les promenades étaient desséchées et le Paillon sans eau. Vous comprenez comment le peu qui en reste se corrompt et donne de mauvaises odeurs, et comment la poussière se montre dans les endroits qu'on n'arrose pas. Mais aussi quel charme de se promener dans cette ville prévilégiée, de midi au coucher du soleil, sous les rayons d'un soleil de printemps, tandis que vous grelottiez à Paris. Nice, offre d'ailleurs des distractions, un très beau casino, un cercle parfaitement tenu, un théâtre français et un théâtre italien, la promenade aux Anglais et le château; enfin de jolies excursions peuvent être faites dans les environs. J'en citerai seulement quelques-unes :

Cimiès, à une lieue de Nice, offre aux visiteurs une jolie église attenant à un couvent de Franciscains; on jouit de la terrasse d'une vue magnifique, s'étendant jusqu'aux rives de la Provence, aux îles Sainte-Marguerite, etc.

Cimiès possède le cimetière aristocratique de Nice, chaque famille veut y avoir le séjour du repos éternel, beaucoup d'étrangers décédés dans la ville où ils étaient venus chercher la santé, y reposent; le luxe de leurs monuments stimule l'orgueil des indigènes, et le lieu de tristesse et de douleur est devenu un but de promenade et de curiosité.

Près de là est la petite chapelle Sainte-Anne, ou l'on n'officie plus, et à côté les restes d'un cirque romain. Ce peut être un souvenir respectable de l'antiquité, mais à coup sûr l'imagination fait la plus grande partie des frais, car il est impossible de reconnaître dans ces vieux murs les traces de quoi que ce soit.

A peu de distance est le village de Saint-Pons, où se trouve une très jolie église et encore un couvent situé à mi-côté. De cet endroit la vue s'étend sur toute la vallée de Nice, le château, la ville et dans le lointain la mer.

De l'autre côté de la route, s'élève le château de Saint-André. Une pente assez rapide y conduit, mais on est récompensé de la fatigue par une vue délicieuse, différant peu de celle de Saint-Pons, mais plus étendue; des sources pétrifiantes donnent lieu à un petit commerce de pétrifications intéressantes, obtenues par les soins intelligents du gardien.

Ce château a quelques souvenirs historiques: c'est là, dit-on, que saint Pons, sénateur romain, subit le martyre.

Le château actuel date environ de l'an 1000, sauf les changements, réparations, reconstructions qui ont dû se succéder depuis 800 ans. Il fut élevé à la place d'un ancien château détruit un siècle avant par les Sarrazins. On assure qu'en 1388, le traité qui donnait le comté de Nice à la Savoie, fut signé dans ses murs.

Une belle allée de cyprès mène à la grotte assez profonde, au fond de laquelle coule un beau ruisseau.

On trouve à peu de distance de Nice, une autre curiosité naturelle, appelée d'un nom peu poétique par les gens du pays : « le trou des étoiles. » C'est une gorge dont les parois, d'une hauteur de 20 à 25 mètres, se resserrent au point de ne pas laisser de passage pour un homme obèse. A un certain endroit, il n'a guère plus de 30 centimètres ; après ce point étranglé, la voie s'élargit et forme une ouverture dans le haut, qui, sans doute, a motivé la dénomination du lieu.

Le climat de Nice a ses inconvénients à côté de ses avantages, mais on ne saurait nier la beauté des cultures qu'il permet : les oliviers, les citronniers, les orangers y abondent, rien n'est plus joli que tous leurs fruits, aussi nombreux que les pommes sur les pommiers de Normandie, étalant leur couleur d'or sur le vert foncé des feuilles. Un propriétaire cultive à Cannes, l'oranger dans un jardin surnommé les Hespérides. Il a recueilli cette année 250,000 fruits, il espère dans quelques années en obtenir 600,000. Les aloës, les palmiers, les poivriers poussent en pleine terre et attestent, par leur présence, la douceur constante de l'atmosphère, enfin les fleurs précoces devancent de deux mois au moins le printemps de Paris.

LA CORNICHE.

II.

C'est un bizarre aspect que celui des côtes de la Méditerranée. En les parcourant on trouve une multitude de petites criques, des baies, des bassins, des golfes. Nullepart la rive n'est droite ou arrondie comme dans la Manche ou la mer du Nord. Le chemin de fer de Nice passe souvent derrière de vastes promontoires, souvent la voie parcourut des terrains conquis sur la mer; elle serait inondée, si la Méditerranée avait le flux et le reflux.

En avançant sur les côtes d'Italie, les

baies deviennent plus profondes, les montagnes plus hautes; aussi de Nice à Gênes, est-ce une succession interminable de tunnels et de passages à ciel ouvert. Lorsque ce chemin sera livré au public, la route si pittoresque de la Corniche sera sans doute abandonnée, cependant elle offre un intérêt incessant, au moins jusqu'à Menton. Ce ne sont que montagnes, vues sur la vallée de Nice d'un côté et sur la mer de l'autre. Là est Villefranche, dont le port offre un refuge sûr aux plus gros navires; Ezy, autrefois repaire de pirates Sarrazins, Rochebrune ou Roquebrune, assise sur le sommet d'une montagne, d'où les habitants bravèrent plus d'une attaque des pirates; Turbie, dont la grosse tour, à demi ruinée, rappelle les triomphes d'Auguste, sur les peuplades de la Ligurie au premier siècle; enfin Monaco. Mais cette petite principauté mérite une mention particulière.

La principauté comprenait autrefois Menton, Monaco, Rochebrune et un assez vaste territoire aux alentours. Le nom de ses princes est depuis plusieurs siècles mêlé à tous les grands événements du Midi de l'Europe.

Ils ont tour à tour servi la France, l'Italie, la Savoie; peu fidèles dans leurs alliances, ils ont donné lieu à la chanson populaire:

A la Monaco, l'on chasse, l'on déchasse, etc.

Les habitants de Monaco n'ont pas été non plus de petits saints et on leur attribue l'argument ou plutôt l'excuse que voici:

Son Monaco sopra un scoglio
Non semino e non raccoglio
Et pur mangiar voglio.

Suis Monaco sur un écueil
Ne sème et ne recueille
Et pourtant manger je veux.

Il faut que je mange, voilà la raison. Le cas de force majeure, qui justifie tout. Les seigneurs de Monaco ont encore rendu leur nom célèbre par l'invention de ces fameux sous que tout le monde a connus sous le titre de : « monacos. »

Il paraît qu'en ce pays, comme le dicton l'apprend, personne ne sème ni ne recueille, le prince comme les autres, et pourtant il veut manger. Heureusement il avait plus d'une corde à son arc, et ses sujets devaient d'une façon, ou de l'autre, pourvoir à ses besoins. La branche des impôts était cultivée par lui avec amour, dans un pays de pouvoir absolu, de droit divin, on se préoccupe peu du peuple

>   Si veut le roi
>   Si veut la loi.

M. de Monaco, pénétré de ces principes, voulut un jour créer un bon petit impôt dont le produit serait grand, certain, et auquel personne ne pourrait se soustraire : il imagina de supprimer les meuniers de ses états et de les remplacer tous, de se faire le fournisseur unique de la farine consommée par ses sujets; en bon prince il se chargeait de les nourrir.

De mauvaises langues assurent qu'il céda le privilége de cette fourniture à un négociant de Marseille, moyennant une rente de 60,000 fr.

Mais voyez l'ingratitude, on trouva que c'était trop de soin, on cria, on se fâcha; bref, les gens de Menton refusèrent de se soumettre et se donnèrent à l'Italie avec tout le reste de la principauté.

En 1859 ou 1860, lorsque le comté de Nice fut cédé à la France, l'Italie abandonna aussi ses droits sur l'Etat de Monaco, et Menton est aujourd'hui le chef-lieu d'un canton français. Voilà comment les Mentonnais, après avoir servi dans l'armée du prince, sont allés monter la garde à Milan, ou à Naples, sous la bandiera italiana, et font aujourd'hui le même service à Paris, à Lille ou à Strasbourg.

Le prince expulsé revendiquait cependant ses droits, le gouvernement français jugea convenable de les lui acheter et fit ainsi cesser une clameur ennuyeuse. Mais il est au moins bizarre de vendre ce qu'on n'a plus, c'est comme si M. le comte de Chambord vendait Paris à beaux deniers comptant. Il y aurait cependant une différence ; une petite difficulté, ce serait de le livrer, tandis que dans le traité Monégasque, la France possédait déjà ce qui lui était vendu. Néanmoins, le prince est resté souverain de la ville de Monaco, souverain viager ; là, flotte son drapeau, manœuvre son armée, ses 15 ou 20 soldats, habillés à peu près comme nos gendarmes. De son palais il date des décrets, des nominations et les fait afficher sans le contre-seing d'un ministre. Ces affiches sont écrites à la main, je ne crois pas qu'il y ait d'imprimerie à Monaco.

La ville est bien bâtie, sur un rocher, elle domine la mer et offre de belles vues, une bonne route carrossable moderne y accède. Le château est assez beau, la cour est ornée de bonnes peintures, et les appartements, richement meublés, rappellent au visiteur qu'il est dans une demeure souveraine.

M. le prince de Monaco doit être un collectionneur, on ne visite le château qu'après avoir remis sa carte au concierge, ce qui ne dispense pas de s'inscrire sur un livre *ad hoc*. A cela près, on est parfaitement accueilli par les gens qui entrevoient une piécette à la fin de chaque visite.

La place du château est décorée de douze belles pièces de canon, données par Louis XIV, à l'un des aïeux du prince actuel, un Hercule quelconque, car, dans cette famille le nom d'Hercule est héréditaire, ils prétendent descendre en droite ligne de l'Hercule de la mythologie.

Au pied du rocher est un assez beau port, et sur le promontoire opposé à la ville, des spéculateurs ont élevé une maison de jeu accompagnée d'un Casino, d'un fort bel hôtel et d'un jardin où les palmiers et les aloës témoignent de la douceur du climat.

Cet établissement, dont on prétend faire le rival des maisons de jeu des bords du Rhin, prouve qu'on est encore sur les terres de Monaco.

C'est une chose digne de remarque, que

ces jeux célèbres existent au Rhin comme à Monaco, dans de petits Etats, et que les princes en retirent un produit considérable; ils disent, sans doutent, comme l'empereur romain : « l'argent n'a pas d'odeur. »

MENTON.

III.

La petite ville de Mentone, vise à devenir la rivale de Nice; mollement étendue le long du rivage, elle se pare. Une jolie promenade borde la mer, un petit jardin très soigné la termine. De belles avenues mènent à la montagne. De beaux et bons hôtels reçoivent déjà de nombreux visiteurs, un vaste casino vient d'y être établi, la rue principale, qui n'est autre que la route, se meuble de beaux magasins. Enfin, la douceur perpétuelle de son climat, le parfum des orangers, des citronniers et de toutes les plantes méridionales, la belle végétation qui l'entoure, l'aspect agréable des aloës et des palmiers pleins de force et de santé, en font un séjour charmant. On sort de Mentone par une belle rampe dominant la mer et on arrive promptement au pont Saint-Louis, où est établie la douane italienne, douane peu tracassière, facile, obligeante, jugeant bien au coup d'œil si elle doit ou non faire une visite rigoureuse. Puis on arrive à Vintimille, ville fortifiée, entourée de murailles et de tours, située dans une agréable position et présentant une belle façade de maisons propres et blanches du côté de la route; les femmes de Vintimille ont une réputation de beauté que je n'ai pas eu occasion de constater, mais qui doit être méritée, j'en ai trop entendu parler pour qu'il en soit autrement.

S. Remo est une petite ville de 10,000 habitants avec un port, dont le commerce est assez actif; la cathédrale, fort ancienne, présente peu d'intérêt, les rues, ou plutôt les ruelles, sont sales et tortueuses, elles communiquent entre elles par des passages, des arcades, des escaliers de maisons, c'est un dédale à ne pas s'y reconnaître, mais l'obligeance des gens du pays supplée à la difficulté ; ils se dérangent pour vous indiquer tel maison dont l'escalier donne au premier ou au second étage, sur une autre rue, et fournir à l'étranger les renseignements dont il a besoin.

Ce petit pays possède une abondance de fleurs, et si l'on en croit la chronique, les parfums qu'il exhale sont assez forts pour être sentis en mer à une grande distance.

Le village de Bordighera n'est pas moins riche en fleurs. Une famille Bresca, qui l'habite, a le privilége exclusif, accordé en 1588 par le pape Sixte-Quint, d'envoyer chaque année à Rome un navire chargé de feuilles de palmier pour en fournir toutes les églises le dimanche des Rameaux. Voici l'origine de ce privilége :

Lorsque Sixte-Quint fit ériger sur la place de Saint-Pierre le célèbre obélisque du cirque de Néron, par les soins de l'architecte Fontana, il avait défendu de jeter un cri, de proférer une parole qui pût être entendue, et cela sous la menace des peines les plus graves.

Malgré les efforts de 140 chevaux et de 800 ouvriers, les treuils cessèrent de fonctionner, le moment était critique, l'anxiété et le silence étaient profonds, tout-à-coup un cri sortit de la foule : « jetez de l'eau sur les cordes. » Le conseil fut suivi, les cordes se tendirent de nouveau ; l'obélisque se dressa et l'opération réussit. Celui qui avait enfreint la défense, avait été arrêté, c'était un marin de Bordighera. Le pape, au lieu de le punir, lui accorda le privilége dont nous avons parlé pour lui et ses descendants.

Port-Maurice est une petite ville de 8,000 habitants, il s'y fait un commerce considérable d'huile d'olive, de pâtes, de pierres lithographiques, c'est le port de la rivière de Gênes.

Plus loin Oneillo et Alassio ; près delà est l'île de Gallinara, ainsi appelée par les

Romains, à raison du grand nombre de poules sauvages qu'ils y trouvèrent.

Cériale, dont presque tous les habitants furent, il y a deux ou trois siècles, enlevés par les Turcs et emmenés en esclavage.

Pietro, où un long tunnel a été percé il y a peu d'années, pour éviter les interminables lacets de l'ancienne route.

Puis Finale, ville en trois compartiments : Finale-Borgo, Finale-Marina, Finale-Pia. On y trouve une très jolie collégiale, sous l'invocation de saint Jean-Baptiste, érigée sur les dessins de Bernini. Ici commence l'emploi du marbre dans les édifices religieux : les marches du pérystile, les colonnes, le revêtement des piliers en sont faits.

On traverse à Varicotte un nouveau tunnel de 130 mètres, taillé dans un rocher de marbre, puis après avoir franchi plusieurs bourgs ou villages, on arrive à Savone, ville de 17,000 habitants, fort ancienne, mais propre et bien ouverte. Sa cathédrale contient quelques bonnes peintures, entre autre une Adoration des Mages, d'Alber

Durer, que le droit de conquête avait fait porter à Paris au commencement du siècle, et de belles sculptures en bois.

Un théâtre, élevé en 1853, porte le nom du poëte Chiabrera, avec une dédicace à l'auteur aimé, en cette simple ligne :

A Gabriello Chiabrera, la Patria.

Une inscription mise sur une statue colossale de la Vierge, placée à une tour du port, prouve la fraternité ou plutôt la filiation des deux langues latine et italienne, qui pourraient tour-à-tour la revendiquer.

In mare irato, in subita procella
Invoco te, nostra benigna stella!

La route traverse encore quelques localités, arrive à Voltri, où elle rencontre le chemin de fer, et enfin à Gênes.

Je ne me suis pas appesanti sur chaque endroit, il aurait fallu dire et répéter : petit port animé, construction de navires, vues délicieuses, route bien faite et sans danger réel, malgré les côtes rapides, sinueuses, contournant les promontoires, bordées de précipices; végétation admirable, entrecoupées de rochers à pic, arides et abruptes, enfin du grandiose, de l'agréable et du sévère, en un mot cette route de la Corniche mérite bien sa réputation.

Il ne faudrait pas juger l'Italie par les villes, bourgs ou villages qui garnissent ses côtes; ici tout est étroit, serré, tortueux, assez laid. Il faut se rappeler que tout ce littoral a été, pendant des siècles, le théâtre de guerres, de pillages, d'attaques de pirates, et que les habitants ont dû se mettre autant que possible à l'abri des coups des envahisseurs.

Il faut songer à des villes ruinées, saccagées, renaissant de leurs ruines, et faire des vœux pour qu'elles reprennent leur ancienne splendeur.

Maintenant, à Gênes; ce sera pour la première fois.

GÊNES.

III.

Enfin nous voici à Gênes, surnommée la Superbe, le port le plus considérable de la côte d'Italie sur cette mer, située au fond d'un golfe resserré à la gorge, construite en amphithéâtre sur le flanc d'une montagne. Son aspect, vu de la mer, est magnifique, mais l'entrée par terre est des plus insignifiantes; depuis quelques lieues, la route pittoresque de la Corniche est finie, la voiture traverse des terrains plats. Voltri, Pegli n'ont d'intéressant que leurs chantiers de construction, cependant les habitations sont moins éloignées les unes des autres, les villages sont plus populeux; quelques maisons de campagne se montrent, on sent qu'on approche d'une ville grande et riche.

Après avoir tourné le dernier promontoire, une large chaussée conduit dans la ville en arrivant par les belles rues ornées de palais. C'est là que se trouve le quartier des étrangers, des hôtels, du port marchand ; les hôtels sont établis dans des palais abandonnés, presque tous sont remarquables par l'élévation des étages et l'étendue des appartements.

Si les propriétaires d'hôtels reçoivent des voyageurs à leur gré, ils les logent au deuxième étage, afin de leur donner la vue de la mer. Le port est borné par une haute et large terrasse, construite en marbre, par dessus laquelle il faut voir.

Le port de Gênes est franc, c'est-à-dire que les navires peuvent y entrer et en sortir sans que leurs cargaisons payent rien à la douane. Par cette raison, le port est fermé et l'on ne peut entrer en ville que par une porte où les marchandises introduites paient le droit d'usage.

Le mouvement des barques entre les navires amarrés en rade et le quai, est considérable, le soir les fallots de chaque barque donnent au bassin une animation nouvelle.

Lorsque je vis Gênes, plusieurs centaines de navires étaient dans le port, ils apportaient des marchandises ou venaient chercher les produits du Nord de l'Italie. Le chemin de fer passe le long du port et est en communication directe avec la navigation.

Le titre de Superbe, donné à Gênes, me paraît fort exagéré; les rues Balbi, Nuovissima, Nuova et Carlo Felice, sont fort belles, elles forment un demi-cercle, partant de la gare du chemin de fer et arrivant au port après l'avoir contourné.

C'est dans cette enceinte que se trouvent les plus beaux palais, la belle église de l'Annunziata, la cathédrale, le grand théâtre, les galeries de tableaux, l'hôtel des postes, les plus riches magasins, mais le reste de la ville offre peu de charmes ; des rues en pentes rapides, tortueuses, assez mal bâties ne sont pas suffisamment ornées par quelques palais pour faire oublier combien elles sont irrégulières.

On a beaucoup abusé du mot de « palais de marbre » fait pour frapper l'imagination, mais le marbre n'est pas rare en Italie ; employé brut, il se salit et noircit comme la pierre, il faut savoir qu'il a servi à la construction de ces palais pour s'en apercevoir.

Dans le long parcours de cet hémicycle, on trouve le palais Ducal, l'ancien palais Balbi, maintenant l'Université, le palais Durazzo et sa belle galerie de tableaux, le palais Rosso ou rouge, nom tiré de la couleur de la pierre employée à sa construction, appartenant à la famille de Brignole.

La riche galerie de tableaux qu'il contient peut toujours être visitée.

Le palais Palavicini, peu remarquable à l'extérieur, mais dont la galerie mérite toute l'attention. Enfin beaucoup d'autres moins renommés.

Tous ces palais, d'architecture différente, ont un point de ressemblance, c'est l'élévation des appartements; pour arriver à la galerie de l'un d'eux placé au deuxième étage, j'ai compté 97 marches.

Le théâtre Carlo-Felice, bel édifice avec façade à colonnes, sur la place du même nom, a une vaste salle, construite comme toutes celles d'Italie, avec six rangs de loges, superposées, sans balcon ni galeries. La surface plane du bas au cintre est monotone; elle est relevée par des peintures et dorures, mais cela ne suffit pas pour en faire disparaître l'uniformité.

Malgré le grand nombre de loges, l'étranger a beaucoup de peine à s'en procurer une. Chacune d'elles a un propriétaire ou un locataire, qui cèdent difficilement leurs droits; les armoiries sont peintes sur les portes, on constate ainsi sa possession. Cependant quelques familles consentent à louer leurs loges lorsqu'elles sont absentes. Elles chargent de ce soin l'administration du théâtre.

Les fauteuils sont bons, larges et leurs rangs bien séparés.

En Italie, la perception du prix de l'entrée se fait d'une manière bien extraordinaire pour nous. Il est probable que l'entrepreneur de spectacles ne loue pas la salle, les propriétaires la lui cèdent gratuitement, mais à l'entrée, il y a deux bureaux, l'un aux propriétaires, dans lequel on achète le droit d'entrer, l'autre au directeur, où on prend le billet indiquant une place déterminée. Ce mode, fort ennuyeux pour le public, a l'avantage de ne pas charger le directeur d'un loyer toujours onéreux et de faciliter les entreprises de théâtre.

Les Italiens ont un goût prononcé pour les ballets, les scènes sont très spacieuses, les troupes nombreuses, la mise en scène brillante et soignée, les costumes beaux et les principaux sujets bons. J'ai vu dans tous les théâtres des danseurs et des danseuses d'un vrai mérite.

Les orchestres sont en général très bons et exécutent avec un parfait ensemble ; le chef est placé sur le dernier banc près du public, il voit ses musiciens et les domine. Dans les pièces à grand spectacle, il y a souvent un second chef d'orchestre, placé au premier rang pour diriger l'exécution sur la scène.

Les Italiens manifestent leur approbation par des formes bruyantes ; ils applaudissent les danseuses, en les appelant par leur nom, en appuyant outre mesure sur les R, en criant à tue-tête pendant tout le temps qu'elles dansent. C'est assourdissant, au point que ces brrrrrrava Carolina, brrrava Julia, ne me paraissent pas de bon aloi ; ils me semble être la claque taillée au goût du pays, et rien de plus ; seulement, sous le soleil d'Italie, où l'on sent avec la fougue méridionale, on se laisse entraîner ; ces applaudisseurs salariés donnent le ton, la foule les suit, s'exalte, et arrive souvent à leur niveau.

Une fort belle promenade a été tracée

sur d'anciens remparts; elle est à cinq minutes de la rue Carlo-Felice. La musique militaire s'y fait souvent entendre : elle est très suivie.

Quelques églises sont remarquables. Nous commençons à rencontrer le goût italien pour les ornements, les peintures, les dorures. La jolie église de l'Annunziata est un type de ce genre : les plafonds de la grande nef et des bas côtés, de forme plane, sont chargés de peintures représentant des scènes de l'Ancien et du Nouveau-Testament, divisées en panneaux entourés de riches cadres et couverts de dorures.

Le peintre s'est laissé entraîner, par l'amour patriotique, à commettre un petit anachronisme assez curieux : au centre du panneau du milieu, retraçant une scène de l'Ancien-Testament, un ange tient levé l'étendard de la république génoise.

La cathédrale, vieux monument, a un aspect lugubre occasionné par le mélange de plaques noires appliquées sur le fond blanc des murailles. Elle est à l'intérieur chargée d'ornements, qui ne sont pas tous du goût le plus pur. Une chapelle appartenant à la famille Palavicini est richement décorée et ornée de marbres et de belles sculptures ; plusieurs statues de grandeur naturelle représentent des membres de cette famille, agenouillés sur les marches de l'autel et en prière.

Tout auprès est une chapelle dédiée à saint Jean ; les femmes n'y entrent pas, parce qu'une sœur de Ponce-Pilate ayant contribué à la mort du saint, elles en sont punies à perpétuité par la privation de visiter cette chapelle.

Cette église à trois nefs en voûte, surmontée d'une coupole, est d'un fort bel effet, malgré le mélange de trois styles d'architecture : le roman, le gothique, la renaissance.

On peut voir, un peu au-dessus, l'église des Jésuites, Saint-Ambroise, riche de marbres, de mosaïques, de dorures et de deux forts beaux tableaux ; l'un, la *Circon-*

cision, de Rubens, l'autre, l'*Assomption*, par le Guide.

Gênes dispute à Cogoleto l'honneur d'avoir vu naître Christophe Colomb. Quoi qu'il en soit, elle lui a fait élever un fort beau monument à l'entrée de la rue Balbi, sur la place où se trouve la gare du chemin de fer.

Gênes est fortifiée des deux côtés de la terre et de la mer avec un soin minutieux ; de chaque pointe de l'entrée du golfe, ce ne sont que batteries, redoutes, bastions. Le mur d'enceinte fait un circuit de plus de 12 kilomètres autour de la ville ; il monte et descend sur plusieurs collines. Une seconde ligne de 36 kilomètres de longueur, défendue par des tours et des redoutes, complète ces défenses. Cet immense développement rendrait peut-être difficile la défense de la ville ; cependant, on a profité habilement des ondulations du terrain. En voyant tous ces travaux, on se rappelle la belle défense de Masséna. S'il a pu tenir pendant si longtemps dans la place, alors qu'elle était beaucoup moins fortifiée, on se demande si aujourd'hui elle ne serait pas inexpugnable.

Le Campo-Santo, ou cimetière établi à environ 2 kilomètres de la ville, est des plus curieux : il offre de sérieuses études à faire à chaque magistrat municipal et aux personnes qui s'occupent de salubrité, de convenance, d'art et de sculpture.

Le Campo-Santo de Pise a évidemment donné l'idée de celui-ci, avec cette différence qu'il fallait pourvoir aux nécessités d'une ville beaucoup plus considérable.

A Gênes, on s'est beaucoup plus occupé d'utilité que d'art ; le vaste champ consacré aux trépassés est ou sera complètement entourée d'une double galerie, dont la première à arcades cintrées, ouvre sur le jardin ; là sont les tombeaux de luxe, les morts sont déposés sous les arcades, la galerie et le mur de séparation ; des sculptures appliquées contre la muraille, des pierres funéraires, des bustes, des statues, des mausolées de toutes formes et de toutes grandeurs ornent cette immense galerie.

Un usage touchant fait reproduire par la pierre ou le marbre les traits de l'être chéri qu'on a perdu, chaque tombeau conserve ainsi les portraits de ceux qu'on voudrait encore avoir près de soi ; c'est peut-être une des causes de la conservation de l'art sculptural en Italie, car partout on retrouve la même coutume. L'Exposition universelle de Paris a fait reconnaître une supériorité incontestée à la statuaire italienne, tant pour la pureté de l'exécution que pour l'expression donnée aux physionomies, cela tient probablement à la nécessité pour les sculpteurs de reproduire des figures connues au lieu de se livrer à des travaux de fantaisie.

La seconde galerie large, haute, spacieuse, est garnie d'espèces de casiers en pierre dans lesquels les cercueils sont introduits ; l'ouverture est fermée par une maçonnerie fortement scellée, destinée à recevoir le nom et le numéro d'ordre du défunt. On prétend qu'au point de vue hygiénique, cette manière de séparer les morts des vivants est préférable à l'inhumation ordinaire ; qu'elle ne laisse échapper aucun miasme corrupteur de l'air ; cela peut être vrai, mais je me demande si l'on pourra toujours trouver une place suffisante pour recueillir les restes des habitants d'une grande ville, enfin je ne puis pas m'habituer à cette classification par ordre et par numéros, qui permettra au gardien de dire, lorsqu'on lui demandera où est placé tel ou tel tombeau « prenez la seconde galerie à gauche, vous verrez au troisième rang, n° 325 ou autre. » Cela ne me paraît avoir ni le respect ni le pieux souvenir que l'on conserve pour les morts.

La chapelle que l'on construit en ce moment sera resplendissante de marbre et d'élégance ; de magnifiques colonnes d'un seul morceau forment son péristyle et l'ornent parfaitement.

Une des curiosités de Gênes est la villa Palavicini, située à Pégli ; le chemin de fer y conduit en vingt minutes, la grille est à dix pas de la gare, on y est reçu en présentant une permission demandée au palais Palavicini, à Gênes, et jamais refusée ; des gardiens sont chargés de conduire chaque société à travers les jardins.

L'habitation de la villa, fort jolie et bien décorée, tant à l'extérieur qu'à l'intérieur, est entourée d'un magnifique parc réunissant des arbres et des plantes de tous les climats, apportés à grands frais dans cette splendide création.

Un château couronne le rocher, il possède toute une petite habitation et un très joli salon d'où la vue s'étend sur la mer. Tout près de là sont des ruines et des tombeaux élevés après une prétendue bataille. On descend sur le revers du coteau et on se trouve tout-à-coup à l'entrée d'une vaste grotte remplie d'eau à travers les détours de laquelle un nautonnier vous conduit au temple de Flore, environné de parterres des fleurs les plus fraîches et les plus gracieuses. Près de là est le temple de Diane, jolie coupole de marbre blanc, soutenue par des colonnes pareilles. Ce petit lieu de délices contient encore une certaine quantité de jeux d'eau destinés à surprendre plus ou moins agréablement les visiteurs : vous entrez dans une tonnelle, tout-à-coup une pluie fine se fait sentir ; vous passez un petit pont pour aller visiter une île, mais si vous voulez revenir, des fusées d'eau partent de tous les coins du pont et vous empêche de passer. On est invité à profiter d'une balançoire, mais aussitôt qu'elle est lancée, de traitres jets placés au-dessous du siége et à chaque angle du bosquet inondent le patient soumis à cette épreuve.

Il est entendu que ces plaisanteries sont faites avec une extrême discrétion et seulement lorsque les gardiens y ont été autorisés par les personnes les plus importantes parmi les visiteurs.

A l'entrée de ce réduit, le noble et riche propriétaire a eu le bon goût de faire placer le buste en marbre de l'architecte ; en Italie on honore les arts, et la plus haute aristocratie ne croit pas déroger en donnant de pareilles marques d'estime et de considération aux artistes qu'elle a employés.

Il y a un siècle, à la place où sont aujourd'hui ces jardins d'Armide, était simplement un rocher nu, la croupe d'une montagne ; il n'y avait ni arbres, ni verdures, ni chemins, ni sentiers. Il passa dans la tête du marquis Palavicini de créer la merveille que l'on voit aujourd'hui. Il y a dépensé, dit-on, de cinq à six millions.

Un petit trait de mœurs caractérise très bien la piété des Italiens : à l'occasion de je ne sais quel événement, on a élevé au deux tiers de la montagne, sur la pointe avancée d'un rocher, une petite statue de la Vierge ; elle est là, seule, isolée ; mais chaque soir, que le temps soit beau ou laid, un gardien doit aller allumer la lampe placée devant elle, et jamais il n'y manque, dit-on.

ALEXANDRIE.

IV.

Je vous parle de cette ville pour mémoire seulement; le touriste n'a rien a y voir; pas un monument, pas un tableau. Des rues larges et bien aérées, de beaux boulevards, des eaux vives et claires et de solides fortifications : voilà son bilan. Elle reçut son nom du pape Alexandre III, l'un des souverains coalisés contre l'empereur Barberousse, lorsqu'ils la firent construire en 1167. Par une singularité non expliquée, elle fut surnommée della Paglia, c'est-à-dire de la Paille, nom bizare pour une place de premier ordre, l'un des boulevards de la Lombardie. Les uns prétendent que ce nom lui fut donné, parce que ses maisons étaient couvertes en paille; d'autres, que c'était une dérision de cette place forte, trop mal fortifiée pour résister à de sérieuses attaques. Quoi qu'il en soit, elle résista souvent et longtemps, et est encore aujourd'hui une des plus importantes places fortes de l'Italie.

Le chemin de fer traverse à peu de distance une partie du champ de bataille de Marengo. Des Français ne peuvent voir sans émotion ces plaines arrosées du sang de nos soldats : ce théâtre d'une de nos plus célèbres victoires, ces champs où le jeune général de la République cueillit de si brillants lauriers et commença à former une couronne, qui, plus tard, devait devenir impériale.

Si l'on quitte la grande ligne pour se diriger vers Pistoja, on traverse une contrée aride, montueuse, où la voie ferrée doit gravir des rampes rapides et étroites;

nous y fûmes accueillis par un violent orage. A chaque moment, on pouvait croire que la foudre déchaînée allait nous lancer dans quelque précipice. La nuit était profonde, les éclairs fulgurants : c'était fort beau. Nous pensions trouver Pistoja sale, mouillée, boueuse : nous calculions avec notre ignorance. Cette ville, pavée de larges dalles, ne retient guère d'humidité, l'eau s'écoule facilement, et nous fûmes fort surpris de pouvoir nous promener à pied sec.

Le Pistoria des Romains, aujourd'hui Pistoja, existait avant Jésus-Christ. Catilina y fut battu et tué soixante-deux ans avant l'ère nouvelle. Il n'y reste rien de l'antiquité; mais on y trouve de belles constructions du xiiie siècle, notamment le palazzo Pretorio, autrefois palais du Podestat : architecture grave et sévère, avec une belle cour, dans laquelle on rendait la justice. On voit encore la chaise du juge, devant une grande table en pierre, établie en 1377.

On lit l'inscription suivante, tracée sur le mur :

*Hic locus odit, amat, punit, conservat, honorat,
Nequitiam, leges, crimina, jura, probos.*

Ainsi, à cette époque, la justice se rendait en plein air, par un juge appréciateur et arbitre absolu.

C'était beau, patriarchal, mais je préfère nos lois écrites et connues. Le bon sens et l'impartialité du juge n'étaient jamais en défaut, je veux bien le croire ; mais malgré leurs études judiciaires, nos juges se trompent encore assez souvent pour qu'on puisse en douter.

Le palais de la Commune, situé en face du précédent, date de la même époque. Construit en style italien gothique, il est moins beau, moins régulier que l'autre.

Les vastes et sombres pièces de cet édifice inspirent la tristesse ; mais on est égayé par la grotesque figure du géant Grandanio, haut de quinze pieds, qui conquit, dit-on, les îles Baléares, en 1202.

Les églises sont belles : elles possèdent quelques bons tableaux et de jolies sculptures.

La cathédrale était assez riche autrefois ; elle possédait un autel orné de plaques d'argent pesant 223 kilogrammes. En 1293, Vanni Furci pilla l'église et enleva les plaques ; mais si nous en croyons le Dante, il en fut bien puni, car il le représente dans son Enfer, comme y ayant été envoyé pour ce méfait.

Le Baptistère S. Giovanni-Rotondo est situé en face de la cathédrale. Construit en style italien gothique, en 1337, par André Pisano, son élégante forme octogone et ses belles sculptures le font remarquer. Mais comme étude d'usages, de mœurs, on s'arrête devant la belle chaire en pierre, qui orne l'un de ses angles extérieurs. C'est de là, qu'aux jours de grande ferveur ou d'émotion populaire, le pasteur venait faire entendre sa parole à la foule assemblée sur le parvis.

Le chemin de fer conduit en vingt-cinq

ou trente minutes à Pise, charmante ville de 25 à 30,000 habitants. De larges quais bordent l'Arno ; de belles rues aérées et saines contiennent une foule de belles habitations : leur dallage y entretient une propreté permanente.

Plusieurs rues à arcades donnent une idée de ce qu'on retrouvera plus tard à Bologne, à Florence, à Padoue et ailleurs. La ville contient quelques palais, de belles églises, et mérite une sérieuse visite. Mais tout l'intérêt se porte sur l'agglomération de monuments, formant la richesse artistique et la gloire de Pise. Qui n'a entendu parler de la Tour penchée, du Campo-Santo, de la Cathédrale et du Baptistère? La gravure et la lithographie les ont représentés sous toutes les formes. Cependant, la Cathédrale est trop peu connue. Construite vers 1100, en style toscan bâtard, elle contient cinq nefs ; et chose très rare, d'un magnifique effet ; un transept à trois nefs, des tribunes et une fort belle coupole. Le parfait rapport qui existe entre ces diverses parties ne permet pas de croire que l'on eût pu la construire autrement.

Le plafond, de forme plane, est la seule partie de l'édifice que je n'approuve pas; je ne puis m'habituer à ne pas rencontrer les voûtes si imposantes de nos édifices religieux; les peintures ni la dorure ne peuvent, suivant moi, compenser ce défaut. S'il en était autrement, il n'y aurait rien à dire sur celui-ci, car il est excessivement orné et doré.

La cathédrale de Pise est riche en tableaux et en sculptures; ce sera en donner une grande idée, de nommer André del Sarte, le Ghirlandajo, Pietro del Vaga, et comme auteur des modèles des douze autels de la nef, Michel-Ange. Dans la demi-coupole surmontant le maître-autel, est une mosaïque de Cimabue, représentant Jésus entre la Vierge et saint Jean-Baptiste, œuvre curieuse par son grand dessin et ses formes naïves.

L'autel est tout entier en marbres rares

incrusté de pierres précieuses, notamment de lapis lazuli ; il est très riche.

L'ensemble de la basilique est du plus bel effet, et je vous la recommande, si jamais vous allez en Italie.

Un grand souvenir s'y rattache : on prétend que Galilée eut l'idée du pendule, en voyant le balancement de la lampe du chœur mise en mouvement par je ne sais quelle circonstance.

La façade est d'une grande richesse d'ornementation, elle est couverte de colonnes et d'arcades formant cinq divisions.

La plupart des 68 colonnes de l'intérieur sont antiques ; les chapiteaux et les fûts de l'extérieur, comme ceux de l'intérieur, sont grecs ou romains ; ils furent rapportés comme trophées de victoires.

Dans l'un des transepts, une belle statue du dieu Mars est devenue un saint Ephèse. Sur quoi compter en ce monde ?

Le campanille, ou la Tour penchée, est à 20 ou 25 mètres en arrière de la cathédrale ; elle attirerait l'attention, lors même qu'elle ne la commanderait pas, par son inclinaison extraordinaire. Composée de six travées de colonnettes et d'arcades, elle est d'une construction aussi solide qu'élégante; haute d'environ 50 mètres, elle a dévié de la ligne verticale d'environ 4 mètres. On y monte par un escalier de 294 marches ; lorsqu'on monte on se sent très bien entraîné vers le côté penché, on s'arrête, on se retient; il semble que l'excédant de poids que l'on va ajouter à ce côté, pourrait en déterminer l'écroulement, cependant la tour est solide, elle porte à son sommet plusieurs cloches, dont la plus grosse pèse 12,000 kilogrammes ; elles sont chaque jour mises en volée et annoncent aux fidèles l'heure des offices ; la tour supporte très bien l'ébranlement qui en résulte.

On a longuement disserté sur le point de savoir si l'inclinaison de la tour avait été produit par le peu de densité du terrain, ou la légèreté et l'irrégularité des fondations, ou bien si l'architecte s'était créé une difficulté pour avoir le plaisir de la vaincre.

La solution de cette question ne me paraît pas douteuse, le terrain a cédé et l'artiste a accepté la position faite à sa tour: cela me paraît prouvé par les précautions prises en élevant les derniers étages.

Le tassement des terres a dû se faire sentir lorsqu'on était arrivé à la troisième travée de colonnettes; on voit, en effet, qu'à partir de cet étage, on a donné un peu plus de longueur au mur du côté incliné, on tendait ainsi à redresser le haut de la tour, tout au moins, on ne construisait pas dans l'obliquité adoptée par les étages inférieurs.

Le baptistère, placé à 60 ou 80 mètres en avant de l'église, est un joli bâtiment circulaire, surmonté d'une coupole d'environ 60 mètres d'élévation. A l'intérieur est un cercle de colonnes surmonté d'une galerie.

Au centre sont placés les fonds baptismaux, de forme octogone; sur le côté est une chaire hexagone, d'un travail exquis, soutenue par sept colonnes, décorée en 1260 de très beaux bas reliefs par Nicolas Pesano.

La disposition du dôme donne un singulier effet d'acoustique ; émise à une certaine place, la voix humaine produit dans la hauteur le son très pur de l'orgue.

Le Campo-Santo a une origine sacrée. Vers l'an 1200, l'archevêque de Pise fit venir du mont Calvaire cinquante-trois navires chargés de terre pour en faire un cimetière, il fit entourer le terrain chargé de cette terre d'une galerie très élégante, fermée à l'extérieur par un mur, et ouverte à l'intérieur par des arcades ogivales soutenues par quarante-trois colonnettes de formes diverses, sveltes, légères, gracieuses, c'est un très joli ensemble.

Les murs des galeries avaient été à l'origine couverts de peintures et de fresques, maintenant usées, abimées et de peu d'intérêt.

Trois chapelles se trouvent près de la galerie, elles conservent encore quelques bonnes peintures.

On a réuni, dans cette vaste enceinte, une collection de sculptures romaines, étrusques et du moyen-âge, on y a même ajouté quelques monuments modernes, c'est devenu un musée d'antiquités et de sculpture. Je déplore toujours ces profanations, ces combinaisons mixtes qui ne satisfont aucune idée. Le Campo-Santo de Pise n'est plus un cimetière, et il n'est pas assez riche pour être un musée.

Pise contient encore quelques belles églises, ornées de bons tableaux ; ici, comme partout en Italie, leur inventaire est fait en quelques mots, constructions hardies et légères, du marbre, des peintures, des dorures, des mosaïques, des fresques et des ornements de toutes sortes.

Avant d'entrer en terre ferme, nous voulons voir Livourne, la gloire des Médicis, comme la nomme Montesquieu. En 1550, c'était un petit mouillage, une bourgade ne comptant pas mille habitants, aujourd'hui elle en compte plus de cent mille.

Son port, en partie franc, est fréquenté par un grand nombre de navires ; la ville est fortifiée et défendue par de nombreuses batteries, les rues sont larges et droites. On y voit de beaux bassins et quelques statues, l'une d'elles est fort belle; élevée en l'honneur du duc Ferdinand Ier, elle le représente ayant a ses pieds quatre esclaves turcs; l'ensemble du groupe est bien entendu.

La promenade était le Mole, long à peine de cinq à six cents pas, on vient d'en ouvrir une sur le bord de la mer; de belles rangées d'arbres, de plus de deux kilomètres, mènent a un Casino élégant, et à un établissement de bains, entouré de parterres toujours fleuris. Ce sera charmant, quoiqu'un peu éloigné, lorsque les jolies maisons qui se construisent sur le côté opposé à la mer, seront devenues plus nombreuses.

Une des curiosités modernes de Livourne est l'immense citerne dans laquelle on fait venir à grands frais les eaux pures et saines de la montagne. Construite en 1.792, elle a toujours été entretenue, améliorée; elle suffit a fournir la ville d'eau potable. C'est un de ces établissements pacifiques dont la création est plus profitable que les guerres, fussent elles même suivies de triomphes.

La voie rapide conduit à Florence, c'est de là que ma prochaine lettre sera datée.

FLORENCE.

V.

Nous voici dans la capitale de l'Italie, le centre des travaux artistiques, la ville des fleurs, comme le dit son gracieux nom, comme le constate sa cathédrale, placée sous le vocable de Sainte-Marie-des-Fleurs. Florence a pu gagner comme importance, comme animation, lorsqu'elle a reçu le titre de capitale ; mais avant elle était plus poétique, plus rêveuse, plus disposée à faire son occupation unique de sciences, de littérature et de beaux-arts. La population est gaie, rieuse, animée, sans grande démonstration, sans tapage, sans exagération ; c'est sa nature, elle la conserve.

Dans cette ville, tout dispose au bien-être, à cette satisfaction continuelle qui mène si facilement au bonheur ; les rues sont larges, aérées, garnies de beaux magasins ou de riches hôtels ; les églises sont presque toutes remarquables par leur élégante architecture et la richesse de leurs ornements ; on trouve partout de superbes peintures et des sculptures du premier mérite. La place de la Seigneurie est un petit musée.

L'Arno traverse la ville et lui donne de l'air et de la fraîcheur ; les quais, parfaitement dallés, pourvus de beaux trottoirs, comme le sont aussi les rues, mènent à la promenade célèbre des Cascines, trop célèbre peut-être : elle est très longue et peu large ; mais les allées sinueuses dissimulent son peu de largeur : la musique, le café, les voitures, animent le tableau et la rendent très agréable.

Le centre de la ville appelle les étrangers. Là se trouvent réunis : la cathédrale, le Baptistère, la place della Seigneuria, le palazzo Vecchio, les chambres législatives, la galerie des Uffizi. Le touriste peut s'y rendre chaque matin et en faire le point de départ de ses visites.

Le palais Vecchio était autrefois le siége du gouvernement de la république; il fut aussi la résidence du grand duc Cosme Ier. Construit vers 1300, avec une façade à créneaux, d'un style sévère, il fut ensuite décoré d'une haute tour, qui subsiste encore.

Sa très jolie cour, entourée d'une galerie, est soutenue par des colonnes richement ornées; au milieu est une fontaine surmontée d'un enfant tenant un poisson.

Sur la place, devant le palais, est une statue de Michel-Ange, représentant David et un groupe d'Hercule et de Cacus, par Baccio Baudinelli.

L'intérieur du palais sert maintenant de lieu de réunion au Corps législatif : il renferme d'assez belles fresques malheureusement détériorées. On remarque au coin de l'édifice un lion de bronze, connu sous le nom de il Mazocco; à côté, est une grande fontaine avec un Neptune haut de 6 mètres, et des Tritons, bel ouvrage de Bartolomeo Ammanati, édifiée sous Cosme Ier. Tout auprès, est la statue équestre de ce prince, érigée en 1594. Cette œuvre, de Jean de Bologne, est très belle.

En face, est la loggia dei Lanzi, autrement dit la loge des Lansquenets, qui y avaient leur corps de garde. Quelques-uns prétendent qu'elle fut construite pour faire une sorte de tribune populaire. On en a fait une halle ouverte à tous vents et à tous venants, en abattant les clôtures pour y constituer une espèce de musée, que partout ailleurs on renfermerait avec soin dans des appartements bien clos et à l'abri de toutes les intempéries.

Mais à Florence, on est si riche en chefs-d'œuvre, qu'on peut se permettre de les prodiguer. Vous allez en juger : Sur la droite, est un magnifique groupe, l'enlèvement de la Sabine, sculpté en marbre, en 1583, par Jean de Bologne ; à gauche, Persée, avec la tête de Méduse en bronze, œuvre capitale de Benvenuto Cellini ; la délivrance d'Andromède, du même artiste, au moins pour les petites statues et les bas-reliefs ; au milieu, un magnifique groupe représentant Ajax, tenant en ses bras le corps de Patrocle, copie d'une antique grecque ; six grandes statues de femme décorent le mur du fond : Judith, en bronze, avec la tête d'Holopherne, par Donatello ; Hercule, terrassant un centaure, par Jean de Bologne, et quelques autres statues moins importantes ; devant l'escalier, sont deux magnifiques lions, dont l'un avait, dit-on, été élevé par les Grecs dans la plaine de Marathon.

Vous voyez combien cette exposition publique mérite d'attention et de temps.

De l'autre côté de la place, se trouve le joli palais Uguccioni, construit, dit-on, sur les dessins de Raphaël, de Michel-Ange et de Palladio.

A côté de la loggia des Lanzi, sont les deux beaux bâtiments appelés les Uffizi, s'avançant parallèlement jusqu'au quai de l'Arno et reliés à l'extrémité par une élégante galerie soutenue par des colonnes. Des portiques sont formés par une belle colonnade au-dessus de laquelle sont les statues des hommes les plus célèbres de l'Italie. A la partie antérieure de celui de gauche, en venant de la place, est la chambre du Sénat, immense salle tenant toute la hauteur du bâtiment; un peu plus loin, l'escalier menant aux galeries artistiques connues partout sous le nom des Uffizi. Dans le second vestibule se trouvent, entr'autres belles sculptures antiques, deux chiens et un sanglier, d'une exécution très remarquable. On entre alors dans un corridor long de 163 mètres, entièrement garni de marbres antiques, de statues, de sarcophages et enfin de tableaux, parmi lesquels on peut citer des œuvres de Cimabue, de Giotto, des deux Memmi, de Fiesole, de Lorenzo di Credi, de Signorelli ; enfin de Botticelli, deux sujets bien différents, mais traités avec une égale supériorité : la Madone et la naissance de Vénus.

Au milieu de cette salle, qui suffirait seule pour constituer un bel et bon musée, se trouve le petit salon appelé la Tribune, dans lequel est une réunion de chefs-d'œuvre que je ne puis passer sous silence. Je ne veux pourtant pas faire un catalogue ou un guide de l'étranger; mais l'admiration ne permet pas de rester froid en ce lieu. La statuaire y est représentée aussi bien que la peinture : cinq sujets seulement, mais cinq merveilles.

En première ligne, la Vénus de Médicis : si l'on en croit l'inscription grecque qu'elle porte, Cléomène, fils d'Apollodore, d'Athènes, serait son auteur. Ce Faune dansant est attribué à Praxitèle : la tête et les bras ont été restaurés par Michel-Ange; l'Apollino, délicieuse statue, a la beauté un peu féminine : le Rémouleur, dont nous avons la copie en bronze au jardin des Tuileries, cette statue si remarquable par sa parfaite anatomie et l'expression du visage ; un groupe de Lutteurs, chef-d'œuvre de la statuaire grecque, dont l'auteur est inconnu.

La peinture n'est pas moins riche : Raphaël y est représenté par le pape Jules II, la magnifique Madone au Chardonneret, un jeune saint Jean, une Madone à la Fontaine ; enfin, le portrait de la Fornarina. Il y a une bacchante, d'Annibal Carrache; la tête de saint Jean-Baptiste, par le Corrège ; Job, par Fra Bartoloméo ; un Charles-Quint, de Van-Dick ; Elisabeth de Mantoue, par Mantégna ; deux Vénus, de Titien ; une Madone du Guide ; une superbe Madone avec saint Jean l'Evangeliste et saint François, par André del Sarte ; une Sainte-Famille, d'Alfani ; le Massacre des Innocents, par Daniel de Volterre ; Rebecca et Eliezer, de Louis Carrache ; le Christ en croix, de Lucas de Leyde ; une Madone, de Jules Romain ; l'Adoration des Mages, d'Albert Durer ; une Sainte-Famille, de

Michel-Ange ; Vénus et Minerve, par Rubens ; une Madone, du Corrège ; une Sainte-Famille, de Paul Véronèse.

J'en passe quelques-uns, non pour cause d'infériorité, mais seulement parce que les noms des auteurs sont moins connus.

Je pourrais m'arrêter ici ; car après avoir admiré toutes ces merveilles, on ne se sent plus le courage de donner, à ce que l'on rencontre, toute l'attention que la collection mérite, et pourtant il y a de bien jolies choses encore dans les salles voisines. Mais est-on frappé de la vue de pierres précieuses, quand on vient d'être ébloui par des diamants?

Je vous citerai seulement quelques noms pour vous faire voir que, sans le redoutable voisinage de la Tribune, on passerait des jours à visiter cette collection, si riche et si parfaitement classée par écoles. Ainsi, nous y trouvons des œuvres d'André del Sarte, de Fra Bartolomeo, de Léonard de Vinci, de Lippi, de Guirlandajo, de Lorenzo di Credi, de l'Albane, de Paul Véronèse, de Canaletto, le peintre de Venise et des canaux, de Dosso Dossi, du Guide, du Titien, de Salvator Rosa, de Caravage, des deux Palma, de Rubens, Holbein, Cranach, Claude Lorrain, A. Durer, Van-Dick, Gérard Dow, les deux Téniers, Hemling, Largillière, Poussin, et tant d'autres que je ne saurais nommer sans dépasser ce cadre trop étroit.

À l'extrémité de cette galerie, se trouve un cabinet de pierres précieuses, toujours fermé, mais dont la porte s'ouvre en s'adressant au gardien : là, sont un grand nombre d'objets rares, sur lesquels on peut suivre les dévelopements de l'art du lapidaire, des œuvres de Jean de Bologne, de Benvenuto Cellini, et de plusieurs mosaïstes. La galerie de jonction est remplie de sculptures choisies ; on y remarque quatre statues antiques très connues : l'Arracheur d'épines, la Nymphe se retirant une épine, une belle Vénus, un autel circulaire orné de bas-reliefs : le nom de Cléomène y est gravé.

Dans le grand corridor du second bâtiment, se trouve un très beau Bacchus, de Michel-Ange, un Adonis mourant et une statue d'Apollon inachevée, du même auteur.

Deux salles de tableaux de l'école vénitienne offrent le plus grand intérêt : on y trouve des noms connus et aimés : Le Titien, Jean Bellini, Paul Véronèse, Le Bassan, Bordone, Pordenone, Tintoret, Giorgione, Palma le vieux, et enfin par le Titien le portrait de Catherine Cornaro, fille de Venise et reine de Chypre.

Viennent ensuite des sculptures de l'école toscane, un musée étrusque dans l'escalier duquel a été placé un magnifique vase grec, trouvé en 1845 près de Chuisi ; deux salles des peintres avec un très beau et très grand vase grec représentant le sacrifice d'Iphigénie, contiennent une collection très remarquable des portraits des peintres célèbres. Le cabinet des inscriptions, celui d'Hermaphrodite, la salle des camées, collection très curieuse et très rare ; la salle de Barroccio, dans laquelle on remarque de très bons tableaux de Brouzino, du Guide, d'Annibal Carrache, de Rubens, de Carlo Dolci, de Sassoferrato, de Caravage, de Van-Dick, de Velasquez.

Dans cette salle, sont placées trois tables en mosaïques de Florence, du travail le plus parfait; celle du milieu n'a pu être terminée qu'en cinq années : elle coûta, dit-on, 40,000 ducats.

La salle de la Niobé contient la statue de ses sept filles et de ses sept fils tués par Apollon et Diane. On pense que ce sont des copies d'une œuvre de Praxitèle. Encore là se trouvent de très bons tableaux, parmi lesquels on remarque Van-Dick, Rubens, Snyders et Honthorst.

Dans le cabinet des bronzes modernes, le magnifique Mercure, de Jean de Bologne, brille au premier rang; le sacrifice d'Abraham, de Guiberti, se fait aussi remarquer, ainsi que la statue colossale du grand-duc Cosme Ier, par Benvenuto Cellini.

Deux cabinets de bronzes antiques contiennent encore une foule d'objets rares et précieux ; enfin trois cabinets, contenant environ 28,000 dessins originaux de toutes les écoles, méritent une attention particulière et demanderaient de nombreuses journées d'étude à celui qui voudrait les visiter en détail ; il y en a surtout de magnifiques de Léonard de Vinci, de Raphaël et de Michel-Ange.

Voilà, mon cher Monsieur, l'inventaire succinct, étriqué, écourté, de cette splendide galerie des Uffizi. Si l'on voulait en faire une analyse complète et détaillée, il faudrait passer un mois à la voir et deux à l'écrire. Contentons-nous donc de cet abrégé, déjà trop long peut-être. Mais on est entraîné malgré soi en présence de tant de chefs-d'œuvre.

Je vais vous laisser reposer un peu et ne pas vous parler de tableaux, car l'esprit se lasse, l'admiration se fatigue, et lorsque l'on est saturé de la vue de tant de choses, si belles qu'elles soient, on n'a plus d'attention pour celles qui paraissent ensuite. Nous avons bien, d'ailleurs, quelques réflexions à faire sur les vicissitudes auxquelles cette pauvre ville de Florence a été soumise. On ne connaît pas exactement son origine, les uns l'attribuent aux Romains, les autres aux Étrusques ; érigée en duché par Charlemagne, la longue série de ses ducs s'éteignit en 1115. La Toscane était un fief de l'Empire, cependant elle passa sous la domination du pape, mais ce ne fut pas sans de longues querelles qui amenèrent la formation des deux partis célèbres connus sous le nom des Guelfes et des Gibelins; les premiers tenaient pour le pape, les seconds pour l'empereur. Après de longues guerres et des succès divers, les Guelfes restèrent au pouvoir et soumirent la Toscane à la domination papale. Mais le calme ne fut pas de longue durée : les factions se disputèrent le pouvoir ; le peuple, fatigué de ces guerres civiles interminables, demanda des secours à Robert, roi de Naples, celui-ci leur envoya Gauthier de

Brienne, auquel il confia le gouvernement de la ville ; mais, comme cela arrive trop souvent, le protecteur voulut exercer un pouvoir trop absolu ; avant la fin d'une année, il fut chassé, et les Florentins se retrouvèrent livrés à eux-mêmes.

En 1348, une terrible peste enleva les deux tiers des habitants de la ville ; ses ennemis en profitèrent et vinrent successivement l'attaquer, mais les Florentins restèrent vainqueurs. Ce fut alors que la famille de Médicis commença à jeter les bases de la grandeur à laquelle elle devait atteindre ; depuis cette époque et malgré quelques interruptions dans l'exercice de son pouvoir, on peut considérer Florence comme lui étant inféodée pendant plus de deux siècles. Cette famille s'étant éteinte en 1737, les ducs de Lorraine furent appelés au trône et gouvernèrent la Toscane jusqu'en 1859.

Les Médicis florissaient au moment de la renaissance italienne, ils surent comprendre le goût de la nation, qu'ils partageaient d'ailleurs, pour les arts ; ils appelèrent à leur cour les peintres, les sculpteurs, les architectes les plus en renom et leur confièrent de nombreux travaux ; l'aristocratie, la bourgeoisie riche subirent l'influence de la cour, chacun voulut avoir des palais, des statues, des tableaux. La certitude de larges rémunérations encouragea les artistes, ils vinrent à Florence et y laissèrent de nombreuses traces de leur passage ; ce goût, généralement répandu, les encouragements, sans cesse renouvelés, firent donner à Florence le surnom glorieux de la nouvelle Athènes. Cependant, toutes ces petites galeries isolées ne pouvaient subsister longtemps : les familles s'éteignaient, les souverains, toujours jaloux de la gloire de la nation, les achetaient souvent et les rapportaient aux collections générales qu'ils mettaient leur gloire à former. Le goût des arts avait aussi gagné les monastères, très riches alors, et il n'en existait pas un qui n'eût plusieurs tableaux de maîtres dans ses chapelles. La fermeture d'un grand nombre de couvents permit de faire venir ces tableaux dans les musées de l'Etat, aussi la grande majorité des collections se compose-t-elle de sujets religieux. C'est ainsi que l'on est parvenu à former ces galeries splendides que nous voyons dans toutes les grandes villes d'Italie, et parmi lesquelles brillent en première ligne celles de Rome et de Florence.

Ce que je vous dis pour les peintures et les sculptures s'applique également à l'architecture : les palais, les églises les plus renommées datent de la même époque ; toutes les idées étaient portées vers les arts, ce qui fit naître une pléiade d'artistes restés nos maîtres depuis trois à quatre siècles.

Parmi les édifices remarquables, nous pouvons citer à Florence quelques églises : commençons par la cathédrale, dont les fondements furent jetés en 1298, elle ne fut finie qu'en 1474. C'est un des ouvrages les plus importants du style roman; on compte, parmi les architectes qui y ont travaillé, Arnolfo di Cambio, Giotto, Taddée Gaddi,

Orcagna, enfin Brunelleschi, auquel on doit la belle coupole qu'il y ajouta.

On ne put tomber d'accord sur le dessin de la façade, la nef fut provisoirement close par un mur uni, resté jusqu'à présent dans le même état. Depuis 300 ans, on discute des projets, mais aucun n'a encore été adopté.

En 1688, on recouvrit ce mur de peintures, mais elles ont disparu depuis.

L'église a 170 mètres de longueur et 104 dans la largeur du transept; les pilliers qui soutiennent les voûtes sont d'une élégance et d'une légèreté remarquables; on est frappé de surprise en voyant les vastes proportions de l'édifice. Le maître-autel est placé sous la coupole et le fond de l'église entouré de chapelles, dont chacune a sa coupole.

A la différence des églises d'Italie, celle-ci n'a, pour ainsi dire, aucun ornement; de rares tombeaux en marbre s'y fon remarquer ainsi que quelques peintures. Le pavage est entièrement en mosaïque; le marbre blanc a été exclusivement employé à la construction de l'édifice. Le campanile a 90 mètres de hauteur; 414 marches conduisent au sommet. Cet édifice, élevé par Giotto et Taddéo Gaddi, est un des plus élégants de l'Italie; il est orné de belles sculptures, par les maîtres les plus renommés. En face est le Baptistère, autrefois l'église de Saint-Jean-Baptiste, monument octogone qui servit de cathédrale jusqu'en 1128. La coupole et les chœurs sont ornés de fort belles mosaïques, les fonts, tout en marbre blanc, présentent un travail remarquable, le pavage en mosaïque montre le zodiaque et diverses inscriptions. Le pourtour est orné d'un assez grand nombre de statues. Au xve siècle, on y plaça les trois portes de bronze qui ont été reproduites par la gravure et la photographie, celle surtout faisant face à la cathédrale est une merveille artistique, elle représente en dix compartiments des scènes bibliques modelées par Laurent Ghiberti. Michel-Ange disait que cette porte était digne d'être placée à l'entrée du Paradis.

Sur la place, au côté gauche de l'église, se trouve la maison des chanoines ; on a mis sur le devant les statues d'Arnolfo di Cambio et de Brunelleschi, ils semblent se complaire à considérer leur œuvre.

L'église de Santa-Croce fût achevée en 1442, mais la façade, toute en marbre blanc, ne date que de quatre à cinq ans, elle est éblouissante. Cette vaste église, longue de 150 mètres, produit une impression profonde, les nefs latérales sont remplies de monuments en l'honneur des plus grands hommes de l'Italie, elle est entièrement construite en marbre et a été décorée d'une profusion d'ornements.

On y remarque le très beau monument de Michel-Ange, celui d'Alfieri par Canova, une superbe chaire en marbre, ornée de bas-reliefs, le tombeau de la comtesse d'Albani, une madone avec dix saints, par Giotto, des fresques du même auteur et beaucoup de sculptures.

La troisième chapelle appartient à la famille Bonaparte, on y voit les cénotaphes de Charlotte et de Julia Clari Bonaparte.

L'église de l'Annunziata, composée d'une grande nef, terminée par un beau dôme sous lequel est l'autel, est un véritable musée, elle contient une foule de fresques, de bons tableaux et de sculptures. A gauche, près de la porte d'entrée, est une chapelle élevée sous Pierre de Médicis, couverte d'ornements d'or et d'argent; elle renferme une image miraculeuse de la Vierge, objet de la vénération générale. 39 grandes lampes d'argent brûlent constamment autour de l'autel.

Santa-Maria-Novella, avec ses beaux tableaux, son cloître élégant, exige aussi une visite prolongée.

San-Lorenzo est une des églises les plus remarquables de Florence, elle fut consacrée par saint Ambroise en 393; brûlée en 1423, elle fut reconstruite par Brunelleschi et achevée par Donatello et Michel-Ange. L'église, richement décorée de marbres, de sculptures, de tableaux, ornée d'un magnifique autel en mosaïque florentine, n'est cependant pas ce qui attire le plus l'attention; on se dirige vers la nouvelle sacristie avec empressement, elle est en entier l'œuvre de Michel-Ange, elle contient les célèbres monuments des Médicis et les statues du Jour et de la Nuit, considérées comme des œuvres hors ligne. Il y a encore, entre autres œuvres de ce grand maître, une superbe madone en face de l'autel.

Près de cette sacristie est la chapelle dite des Princes ou des Médicis, vaste édifice octogone, surmonté d'une belle coupole, destinée à recevoir les tombeaux des princes de cette famille; tous les artistes célèbres de cette époque y ont travaillé; rien n'a été épargné pour l'embellir: les marbres les plus rares, les mosaïques en pierre dure les plus parfaites, l'entourent. On a fait entrer dans leur composition jusqu'aux lapis lazuli et même des coraux.

De splendides tombeaux en marbre sont placés dans cette chapelle. Quoiqu'elle ne soit pas entièrement terminée, elle a coûté, dit-on, 22 millions, il aurait fallu en ajouter encore quelques-uns ; lorsque la famille princière s'est éteinte ; ses successeurs n'y ont pas songé.

Encore des tableaux ! Nous allons revenir aux Uffizi, pour donner un coup d'œil à sa riche bibliothèque, placée au-dessus de la galerie de la tribune.

VI.

Une très vaste salle, formant un carré long, contient environ cent mille volumes d'histoire, de science et de littérature ; le catalogue paraît indiquer une collection des mieux choisies. Le noyau de cette bibliothèque, composé de trente mille volumes, fut donné à la ville par Antonio Magliabecchi ; depuis lors, elle s'est constamment enrichie de nombreux ouvrages; elle est à la disposition du public depuis 1747.

Au fond de cette salle de lecture, à droite, se trouvent des impressions précieuses, des enluminures, et surtout une collection de manuscrits des plus rares. Parmi les imprimés, on peut citer : le premier Homère imprimé, Florence, 1488 ; Cicéron, Venise, 1469 ; le Dante, 1481 ; parmi les manuscrits, des lettres de Galilée, de Dante, de Plutarque, etc.

Je ne puis quitter la bibliothèque sans payer un brillant hommage à la politesse, à la complaisance des employés : ils se complaisent à vous guider, à donner des renseignements, à montrer les choses curieuses et intéressantes ; ils semblent glorieux et satisfaits d'étaler leurs richesses aux regards des visiteurs.

C'est, d'ailleurs, une justice à rendre aux Italiens, dans tous les établissements publics, tous les employés, du dernier jusqu'au premier, montrent la même courtoisie ; ils accompagnent l'étranger, lui expliquent ce qu'il ne comprend pas, et savent rendre utile une visite qui, sans eux, serait souvent stérile. A Naples surtout, comme à Florence, j'ai trouvé dans l'immense musée, des gardiens et des employés pleins d'attention et de soins pour les visiteurs.

J'ai souvent entendu parler de la rapacité des Italiens, et je me suis demandé si toutes ces politesses n'avaient pas pour but de provoquer un petit don, une de ces gratifications toujours défendues et toujours reçues quand elles sont offertes; je n'ai rien vu qui justifiât cette idée : souvent les chefs abordent un étranger, les accompagnent un moment, leur tenue grave et digne ne laisse pas venir la pensée d'un pourboire. Les gardiens dont on a disposé reçoivent volontiers l'offrande qui leur est faite, mais si on néglige cette petite attention, ils n'en manifestent aucune contrariété. Il ne serait guère possible qu'il en fût autrement : si vous demandez quelques détails, ils vous les donneront, mais ils ne peuvent vous accompagner au-delà de leur salle ; il ne serait pourtant pas admissible qu'il fallût, à chaque appartement nouveau, payer la complaisance du gardien. Ils ont, d'ailleurs, une autre manière de se procurer quelques petits profits : ils vous offrent des photographies des meilleurs tableaux, des catalogues, quelquefois des copies, faites par de jeunes peintres; sur tout cela ils ont un petit bénéfice ; mais ils n'insistent guère, et il est facile de se débarrasser de leurs instances.

Il faut, cependant, déployer quelquefois un peu de fermeté ; c'est à l'égard des prétendus guides, qui offrent leurs services avec une grande tenacité ; ils vous accompagnent dans les établissements publics, où ils ne servent à rien, et sont presque toujours consignés à la porte des galeries particulières.

En Italie, comme en Belgique, en Hollande, en Angleterre, on est facilement fixé sur ce que l'on doit faire : dans les endroits où l'on doit payer, une pancarte imprimée, placée près de la porte d'entrée, indique le droit exigé de chaque visiteur, partout ailleurs on peut ne rien payer ; cependant, il est d'usage de donner quelque menue monnaie au domestique de la porte. Partout il en est de même, la générosité a toujours l'occasion de s'exercer, avec cette différence qu'en Italie on est satisfait de peu, tandis que dans le nord, on répond souvent : Oh ! ce n'est pas assez.

Cette digression nous a entraîné un peu loin de notre bibliothèque : cependant, je veux encore vous communiquer une observation. J'ai visité presque toutes les bibliothèques des grandes villes d'Italie, et j'ai été souvent étonné du nombre de lecteurs qui y étaient installés. A Florence, les tables étaient pleines ; à Naples, il y avait moins de monde ; à Rome seule, il n'y avait que deux ou trois ecclésiastiques.

Le mouvement intellectuel, jusqu'alors concentré dans les classes supérieures, tendrait-il à s'étendre ? je le crois et l'espère pour le salut du pays.

Une observation révèle peut-être l'état des esprits : à Rome, la bibliothèque du Vatican est toujours fermée, il faut sonner pour y être introduit; partout ailleurs, les portes sont ouvertes, chacun entre et sort comme il l'entend. Est-ce une image de la facilité des gouvernants à répandre ou à étouffer les lumières de la science ?

Dans un coin de la galerie de droite des Uffizi s'ouvre un couloir de plus de cinq cents mètres de longueur, décoré de dessins, d'esquisses, de fort belles tapisseries de la manufacture de Florence; il conduit au palais Pitti.

Ce vaste édifice fut construit par Lucas Pitti, antagoniste déclaré des Médicis, à l'époque où il était parvenu à s'emparer du pouvoir, mais l'ayant perdu en 1466, ce palais resta inachevé. Vers 1550, l'héritier de Pitti le vendit à Eléonore, épouse du grand-duc Cosme; elle le fit achever par Ammanati, qui traça le joli jardin Boboli, placé derrière le palais.

La cour, terminée par une grotte avec des niches, des statues et des fontaines, est très-remarquable. Depuis cette époque, il servit de résidence aux ducs de Toscane.

l'un d'eux fit construire la galerie dont nous venons de parler, afin de se rendre à la salle du Sénat, au palais Vecchio sans que personne en sût rien ; on sait que ce mode d'espionnage était alors très usité à la cour de Florence, et que Catherine de Médecis, devenue reine de France, remplit le Louvre de ces petits piéges à l'aide desquels on pouvait entendre ou voir ce qui se disait ou se passait dans un appartement voisin ou placé à l'étage inférieur. Cette galerie, assez bien dissimulée, traverse le pont au-dessus des boutiques qui le garnissent et semble être leurs combles, il s'engage ensuite à travers des maisons jusqu'auprès du palais. Ces petites communications ne sont guère employées de nos jours, et le couloir secret est devenu un passage connu et ouvert à tout le monde. Il débouche dans un petit escalier donnant accès aux magnifiques salons contenant la célèbre galerie portant le nom du palais.

Les plafonds sont peints de sujets mythologiques et les salles portent des noms en rapport avec les sujets des plafonds, ainsi, ce sont les salles de l'Iliade, de Saturne, de Jupiter, de Mars, d'Apollon, de Vénus, de l'éducation de Jupiter et plusieurs autres.

Cette galerie contient environ cinq cents tableaux sortant tous du pinceau de maîtres célèbres ; on y trouve entre autres, dans la salle de Saturne, la Madone au Baldaquin, de Raphaël ; dans la salle de l'Éducation, la magnifique Madone du grand-duc, du même auteur ; dans la salle de Mars, la ravissante Madone à la Chaise, dans la composition de laquelle Raphaël a mis tout le charme de son génie. Puis, ce sont bon nombre d'autres ouvrages du jeune maître, enlevé trop tôt au monde des arts, des œuvres de Titien, Guido Reni, Francia, Vélasquez, Paul Véronèse, le Guide, Bronzino, Giorgione, Salvator Rosa, le Bassan, André Del Sarte, les deux Palma, Van-Dyck, Rubens, l'Albane, le Corrège, Dosso-Dossi, Léonard de Vinci, Fra Bartolomméo, Allori, Giordano, Jules Romain, Rembrandt, Murillo, Pierre de Cortone, le Tintoret, Cranach, le Guerchin, Pourbus, Holbein, Carlo Dolci, les Carache, Lippi, Pérugin, Botticelli, Guirlandajo, Ruisdaël et une foule d'autres qui, pour être moins connus, n'en sont pas moins du premier mérite.

Dans des armoires ou sur des consoles se trouvent des miniatures encadrées, des coupes précieuses, des objets en écaille, en ivoire, un beau buste de Napoléon Ier, par Canova.

Dans la salle de Prométhée a été déposé un bahut en bois incrusté, avec des mosaïques de pierres dures, et une table en mosaïque moderne, ayant coûté, dit on, 800,000 fr. Ces objets étaient destinés à l'Exposition de Londres en 1851, mais par je ne sais quel motif, ils n'y furent point envoyés.

Une autre collection mérite encore l'attention des amateurs, c'est celle de l'Académie des Beaux-Arts. Il y existe un parfait classement qui révèle suffisamment son origine et son but : les tableaux, divisés en deux fractions distinctes, les grands et les petits, sont arrangés de manière à permettre une étude facile des progrès de l'art. Cimabue, Giotto, Taddeo-Gaddi, Fiésole, Masaccio, Léonard de Vinci, André del Sarte, Pérugin, Fra Bartolomméo, Carlo Dolci et beaucoup d'autres amènent les études jusqu'à la génération suivante.

La salle des petits tableaux n'en contient que soixante-dix, mais ils sont presque tous excellents; on y remarque, entre autres, un Jugement dernier de Fiésole, puis, dans d'autres salles, des cartons d'un grand intérêt et une collection de belles sculptures.

Dans la cour de l'Académie on trouve une statue à peine ébauchée de Michel-Ange ; ce devait être, dit-on, un saint Matthieu. Elle présente beaucoup d'intérêt, on peut, en l'examinant, se rendre compte du travail du statuaire, on voit comment la statue se trouve formée et apparaît sous le ciseau de l'artiste.

Le caractère spécial des églises de l'Italie, principalement de Florence, est une hardiesse et une élégance de forme, que nous trouvons rarement dans les églises du Nord. Elles sont toutes richement ornées ; on y a surtout fait usage de la mosaïque de pierres dures pour la confection des autels et des ornements qui les entourent. Chaque église est un musée où l'œil des curieux est plutôt appelé à l'examen que leur esprit à la prière.

Les Florentins semblent avoir un goût prononcé pour les théâtres, il y en a pour toutes les classes et pour toutes les bourses, depuis la Pergola jusqu'aux farces de Stanterello, espèce de queue-rouge dont les saillies excitent le rire et la gaîté.

La grande et belle salle de la Pergola n'a rien de monumental à l'extérieur, on retrouve, à l'intérieur, les grandes lignes droites et perpendiculaires du Carlo-Felice ; c'est la même monotonie, beaucoup d'ornements et de dorures et pas le moindre balcon rompant l'uniformité.

Les troupes sont bonnes, les ballets surtout provoquent des applaudissements exagérés que déjà nous avons vus à Gênes.

Je terminerai mes réflexions sur Florence comme je les ai commencées, c'est la ville des fleurs, *Dei fiori*; j'y suis arrivé le 10 mars, et grâce à son heureux climat, on voyait de tous côtés des bouquets, des corbeilles, des couronnes de fleurs, répandant leurs suaves parfums, comme chez nous au mois de juin ou de juillet.

C'est, je vous l'assure, une ville délicieuse.

ROME.

VII.

On ne peut se défendre, en arrivant à Rome, d'une émotion profonde ; les temps anciens se réveillent, on pense aux grandeurs de cette ville éternelle, dont les rayons s'étendent sur notre univers depuis plus de 2,500 ans, c'est la ville des Césars, la patrie des arts, la capitale de la chrétienté ; on rêve Romulus et Numa, Auguste et Marc-Aurèle, la République, Brutus, Cicéron. En arrivant de Florence, on voit de magnifiques acqueducs, le profil de Sainte-Marie-Majeure ; une voiture vous mène à la place d'Espagne ou à celle du peuple, à la rue del Babuino, au quartier des Etrangers, par la belle rue des Quatre-Fontaines. On suit la lisière de la ville en passant devant la remarquable fontaine de l'Acqua-Felice, on reste sous le charme du souvenir. Hélas ! il n'en sera pas de même lorsqu'on aura pénétré dans cet amas de maisons, formant des rues étroites, tortueuses, sales, fétides ; on se hâtera de visiter les monuments, les galeries, les églises, et de partir.

L'étranger, descendu au quartier des hôtels, n'éprouvera pas cette impression, s'il borne ses promenades à la villa Borghèse et au Monte-Pincio, visitant les magasins des rues Condotti et del Babuino, se rendant en voiture, par le Corso, à la ville antique, aux basiliques de Saint-Jean-de-Latran, de Sainte-Marie-Majeure, et même à Saint-Pierre : mais, s'il met pied à terre, s'il veut pénétrer dans l'intérieur de la ville, il se dépêchera de remonter en voiture et de rentrer au beau quartier.

Le Corso tant vanté, là où se font les courses de chevaux berbères, là où les juifs étaient autrefois obligés de courir pour l'amusement des chrétiens, est une rue très ordinaire : moins large que la rue de Richelieu, à Paris, je crois que trois carrioles ne pourraient pas y passer de front; partout assez mal bâtie, on y rencontre quelques palais, de jolies églises, deux grandes places, dont l'une ornée de la belle colonne en spirale de Marc-Aurèle, et une foule de maisons des plus simples, des boutiques basses et peu éclairées, c'est la plus belle rue de Rome ! Elle prend naissance à la place del Popolo et se termine à la place de Venise, près du forum de Trajan.

Le Corso coupe à peu près la ville en deux; la section sera complète si, après avoir traversé le forum, on suit la rue Alexandrine, qui mène aux antiquités, à la Rome des Empereurs et de la République.

Le côté gauche est le plus aristocratique, le côté droit le plus populeux, surtout dans la partie qui s'éloigne du Corso, car, aux abords de cette grande voie, on trouve encore le magnifique palais Borghèse, le palais Farnèse, appartenant à l'ex-roi de Naples, maintenant occupé par lui. Il y en a encore quelques-uns de moindre intérêt. C'est de ce côté que se trouve le Ghetto, quartier habité par les juifs, le Tibre et le Transtevère, dont les habitants prétendent descendre des anciens Romains, et se mélangent peu avec le reste de la population ; ils sont, d'ailleurs, renommés pour la beauté des types.

La principale rue du Borgo, longeant le Tibre entre le Vatican et le Transtevère, la Lungara, possède aussi quelques beaux édifices : le palais Corsini, la Farnésine et leurs belles galeries de tableaux.

C'est à l'extrémité de ce quartier, presque hors de Rome, que se trouvent Saint-Pierre et le Vatican, puis, en revenant, le pont des Saints-Anges, dominé par le mausolée d'Adrien, énorme tour ronde, dont on a fait une forteresse de premier ordre, en l'entourant de fossés, de murs, de bâtisses, et en lui donnant le nom de fort Saint-Ange.

Ce qui frappe d'abord dans Rome, ce

sont les efforts du gouvernement des papes pour christianiser les monuments antiques. Le Colysée contient un chemin de la Croix et une chapelle ; le Panthéon est devenu une église ; le mausolée d'Adrien est surmonté d'un ange aux ailes déployées.

La statue de Trajan a disparu du haut de la colonne, et est remplacée par celle de Saint-Pierre, coiffé d'une auréole, et celle de Marc-Aurèle, par Saint-Paul.

La première visite à Rome est généralement pour Saint-Pierre, la plus vaste église du monde, sinon la plus belle ; on l'a tant louée qu'il est bien permis de la critiquer un peu. L'arrivée laisse d'abord à désirer, lorsqu'on a traversé le pont des Saints-Anges, on se trouve sur la place Pie, deux rues se présentent pour aller à Saint-Pierre, l'une à droite, nommée le Borgo-Nuovo, l'autre à gauche, le Borgo-Vecchio ; chacune de ces rues débouche à un angle de la place Rusticucci, espèce d'avant-cour de celle de Saint-Pierre, renfermée dans ces portiques, de sorte qu'on aperçoit la basilique de biais et non de face, ce qui nuit beaucoup à son effet.

La place Rusticucci a 76 mètres de longueur,
la place Saint-Pierre en a 320
ce qui donne un total de 396 mètres.
Cependant, le corps de l'église, les petits dômes et même une partie de la grande coupole sont masqués par la façade ; il faudrait, pour que le bâtiment fût vu dans toute sa majesté, que l'espace libre qui le précède fût plus grand, que le visiteur l'aperçût de plus loin, et surtout qu'il le vît de face. La splendide basilique est trop renommée, trop célèbre, pour qu'une belle et large arrivée ne lui soit pas consacrée. Saint-Pierre n'est pas une église ordinaire, c'est la cathédrale de la chrétienté, c'est le tombeau du prince des Apôtres, c'est l'église des papes, Alexandre VII le comprenait bien ainsi, lorsqu'il faisait élever la magnifique colonnade qui la précède, sur les dessins du Bernin.

La situation élevée de l'église sur la

pente du Monte-Vaticano, rend d'ailleurs nécessaire un grand espace, le visiteur placé au bas d'une pente, même légère, ne voit que le portail et perd l'effet de l'ensemble. Le pâté de maisons construit entre les rues Borgo-Nuovo et Borgo-Vecchio devrait être abattu, alors l'église serait vue de la place Pie, au débouché du pont des Saints-Anges, ses proportions grandioses s'apprécieraient mieux. Comme l'esprit serait frappé en apercevant l'imposant édifice au bout de cette large voie, qui lui servirait de première entrée; la place ovale, entourée de la colonnade, en formerait une seconde; la cour, à peu près carrée, qui va de la colonnade aux marches du pérystile, une troisième, et ce ne serait qu'après tous ces espaces parcourus qu'on arriverait aux portes du temple. La position élevée de Saint-Pierre est aujourd'hui un inconvénient, pour la perspective, elle deviendrait un avantage.

La situation de Saint-Pierre est à peu près celle du château de Versailles : place carrée, autre place circulaire; puis, une nouvelle place carrée, avoisinant le château. Mais la place d'Armes est vaste, spacieuse, tandis que la place Rusticucci, quoiqu'assez grande, est de beaucoup trop petite pour précéder la colonnade. Enfin, si, au lieu de la magnifique avenue de Paris, présentant le château en perspective, on arrivait par un des angles et qu'on aperçût le château de biais, la plus grande partie du prestige serait détruite, et l'on ne jouirait pas de la beauté de l'édifice.

VIII.

Beaucoup d'Aristarques blâment le goût du Bernin; ils prétendent que son style est lourd; les statues décoratives du pont Saint-Ange sont surtout critiquées, je crois que leur plus grand tort est de représenter les anges de grandeur humaine; on est habitué à les voir sous la forme d'enfants joufflus et riants et on trouve des hommes, la virilité au lieu de l'enfance, cela choque ; mais au moins, les détracteurs de l'artiste sont forcés de reconnaître la beauté et le grandiose de la colonnade de Saint-Pierre. 284 colonnes d'ordre dorique et 88 piliers, posés sur quatre rangs, forment trois galeries, dont la toiture est surmontée de 162 statues de saints. L'ensemble de cette construction produit un effet grandiose et imposant; c'est une magnifique entrée à l'un des plus beaux temples du monde.

Le milieu de cet immense ovale est décoré de l'obélisque de Caligula et de deux belles fontaines jetant l'eau en gerbes à une hauteur de 13 mètres.

Entre les fontaines et l'obélisque, des ronds de pierre indiquent le centre des rayons sur lesquels la colonnade a été construite; en s'y plaçant, on ne voit qu'une colonne à chaque rang, la première masque les autres.

On arrive enfin au péristyle sous lequel

cinq portes donnent accès aux cinq nefs de l'église.

La façade, œuvre de Carlo Madorno, en style corinthien, à huit colonnes, quatre pilastres et six demi-pilastres ; elle est large de 111 mètres et haute de 45 ; une balustrade de 2 mètres la surmonte et est ornée de statues de 6 mètres représentant le Sauveur et les apôtres.

Au-dessus de la porte du milieu se trouve la loggia, où le pape reçoit la tiare et d'où il donne la bénédiction le jour de Pâques.

Le portique est large de 70 mètres, profond de 13 et haut de 20. Deux statues équestres le décorent, à droite, Constantin-le-Grand, par le Bernin; à gauche, Charlemagne, par Cornacchini.

Une mosaïque, d'après Giotto, représentant saint Pierre sur la mer, est au-dessus de l'entrée principale.

Cette grande porte a deux magnifiques battants en bronze. exécutés en 1447, d'après le modèle du baptistère de Florence, par Filarette et Donatello, célèbres artistes du temps. — Elle n'est ouverte que les jours de grande fête.

La dernière porte, à droite, désignée par une croix, ne s'ouvre que dans les années de Jubilé, elle est appelée la Porta-Santa.

On comprend comment ce portique, élevé avec les statues, de 53 mètres, masque les hauts de l'église et nécessite une très vaste place devant la façade.

La construction de Saint-Pierre a subi de nombreuses vicissitudes.

Suivant la tradition, cette basilique avait été construite par l'empereur Constantin, à la demande du pape Sylvestre II, sur l'emplacement du cirque de Néron, au lieu même où saint Pierre subit le martyre. Elle était entourée de chapelles et de couvents. Ruinée par le temps, le pape Nicolas V résolut de la reconstruire. Les travaux furent commencés en 1450 sur les dessins de Bernardin Roselini, architecte de Florence.

Vers 1505, les travaux abandonnés furent repris sous le pape Jules II, qui en confia la direction au Bramante, célèbre architecte d'Urbin, dont les œuvres sont encore des modèles. Son plan était d'élever un tombeau plutôt qu'une basilique, il avait adopté la forme de la croix grecque avec une coupole au-dessus de la crypte, où le corps de saint Pierre était déposé. A sa mort, en 1514, la direction des travaux fut confiée par Léon X à Raphaël, qui ne cessa de s'en occuper jusqu'à 1520, époque de sa mort. A ce moment, les idées avaient changé, et soit par la volonté du pape, soit par le goût de l'architecte, on décida que la chapelle serait allongée en avant, pour former la croix latine et devenir une basilique.

Après la mort de Raphaël, de nouveaux plans furent proposés, mais les travaux avancèrent peu jusqu'en 1546, où Michel-Ange fut chargé de les diriger. Le grand artiste revint à la croix grecque ; la grande coupole devait être entourée de quatre petites, l'entrée décorée d'un portique surmonté d'un fronton. Les travaux furent continués d'après ces plans jusqu'à sa mort, arrivée en 1564, et par ses successeurs; mais en 1629, le pape Paul V voulut en revenir à la croix latine et chargea l'architecte Charles Fóntana de reprendre le prolongement de la nef antérieure, suivant les plans de Raphaël, et de faire une façade.

La nouvelle église fut consacrée par le pape Urbain VIII, le 18 novembre 1626. Sa construction coûta, dit-on, 235 millions de francs. C'est le plus vaste bâtiment religieux qui existe, il couvre une superficie de 66,642 mètres, tandis que la cathédrale de Milan n'en compte que. 44,600

Saint-Paul, de Londres. 34,200

Sainte-Sophie, de Constantinople. . . . , ... , . . 30,300

La cathédrale de Cologne. , . . 23,400

Notre-Dame de Paris. . . . , . . 18,720

La longueur de Saint-Pierre est de 187 mètres, la largeur du transept, de 56 mètres.

La coupole a 139 mètres d'élévation.

L'église est soutenue par 748 colonnes, elle a 290 fenêtres, 390 statues et 46 autels.

Cet immense édifice produit le plus bel effet à l'intérieur comme à l'extérieur; rien n'est plus imposant que ces voûtes hautes et hardies : cette coupole aux proportions sans égale, ces riches tombeaux de marbre placés dans les bas-côtés, la crypte de Saint-Pierre, entourée de 96 lampes brûlant éternellement, enfin, le baldaquin de bronze à quatre colonnes torses richement dorées, haut de 30 mètres, surmontant le maître-autel, où le pape seul officie, forment un ensemble saisissant et des plus majestueux.

Un double escalier descend à la crypte, où l'on voit une magnifique statue du pape Pie VI en prière, exécutée par Canova.

Après avoir subi cette première impression, si l'on veut détailler toutes les beautés offertes aux regards, on trouve encore à admirer, mais il y aussi une large place pour la critique.

Les ornements ne sont pas tous du goût le plus parfait, les statues décoratives des tombeaux sont, pour la plupart, lourdes et massives; on peut en dire autant de celles qui entourent ce qu'on nomme la chaire de Saint-Pierre. Cependant, il faut excepter le tombeau de Paul III, que l'on suppose exécuté sur les indications de Michel-Ange, par G. Della-Porta. L'éloge pourrait être complet, si la statue de la Prudence, placée devant le pape bénissant, n'avait été, par décence, revêtue d'une draperie de fer blanc.

Dans la première chapelle, à droite, une Pieta, œuvre excellente de Michel-Ange; plus loin, le monument de Clément XIII, par Canova, celui de Pie VII, par Thornwaldsen.

On remarque avec peine le mausolée élevé à Christine de Suède, plus célèbre par l'assassinat de Fontainebleau que par ses vertus. Mais elle se fit catholique à Rome !

Devant le quatrième pilier est la statue en bronze de saint Pierre, assise sur un fauteuil en marbre blanc. Le pouce du pied droit est usé par les baisers des fidèles. Cette statue date du cinquième siècle.

La frise au-dessus des loges placées au bas de la coupole porte en lettres de deux mètres de hauteur l'inscription suivante :

« *Tu es Petrus et super hanc petram ædi-*
« *ficabo ecclesiam meam et tibi dabo claves*
« *regni cœlorum.* »

Je me complais cependant à penser que jamais le Christ n'a commis cet affreux jeu de mots.

Près de la porte, au bas de la grande nef, se trouve une pierre de porphyre, sur laquelle les empereurs étaient autrefois couronnés. C'est là qu'un empereur dit au pape, qui le couronnait : Ce n'est pas devant toi que je m'agenouille, c'est devant Dieu. A quoi le pape répondit : C'est devant Dieu et devant moi.

Sous le portique est une mosaïque d'après Giotto, appelée la Navicella, la Nacelle ; elle a dû être fort belle, si on la juge par la copie, placée dans l'église S. Maria della Concezione, mais l'original a été retouché, réparé et malheureusement restauré par Berretta.

5.

On voit aussi quatre mosaïques très remarquables au-dessous de la frise du dôme.

Saint-Pierre contient peu de tableaux, et encore ce ne sont pour la plupart que des copies.

La basilique si renommée est une merveille pour la beauté et la pureté des formes; ses proportions sont tellement exactes qu'il ne semble pas qu'on ait pu lui en donner d'autres. Mais les ornements, presque tous du temps de la décadence, sont loin d'égaler la beauté de l'édifice. Ici, l'architecture l'emporte sur les autres arts, c'est elle qui frappe, qui saisit; les noms des grands artistes se présentent à la mémoire, et l'on admire les ressources que la nature a réunies dans ces esprits puissants, pour les faire à la fois peintres, sculpteurs, architectes. S'il est des hommes privilégiés dont le génie n'a pas de bornes, on peut placer à leur tête Raphaël et Michel-Ange, dont Saint-Pierre et le Vatican contiennent les plus belles pages et les conserveront pour les montrer comme modèles aux races à venir.

Maintenant il se présente quelques réflexions d'un ordre différent.

Est-il raisonnable d'élever des édifices, tellement au-dessus des proportions humaines, qu'on ne puisse y accomplir tous les actes du culte. La prédication est un des éléments du catholicisme, cependant il serait impossible de prêcher dans la grande nef; il n'existe pas de poumons assez forts pour s'y faire entendre, ni d'oreilles assez subtiles pour saisir ce qui y serait dit. Aussi n'y a-t-il pas de chaire.

Le maître-autel est réservé pour le pape, qui, seul, y officie; mais malgré la sonorité exceptionnelle de sa voix, quoi qu'il soit tourné vers la nef, la dos au fond de l'église, on ne l'entend guère au-delà de la crypte, les sons se perdent dans l'immense coupole et les bras du transept.

Les offices ont lieu dans les chapelles latérales, c'est là qu'on prêche.

La basilique est consacrée à saint Pierre,

au prince des apôtres, au prédécesseur des papes. On peut s'en apercevoir en la parcourant, c'est plutôt le Panthéon de la Papauté qu'un temple du Seigneur : chaque pape a voulu y trouver sa place ; les monuments funéraires luttent d'importance et de grandeur.

Un détail choque encore. Pourquoi les deux grands empereurs, Charlemagne et Constantin, sont-ils à cheval sous le péristyle comme les vedettes devant les palais des souverains ?

Sont-ils là comme les gardiens du Temple, comme les protecteurs de la papauté, ou plutôt comme des chefs soumis à son autorité, prêts à exécuter ses ordres ? N'est-ce pas un des témoignages de l'orgueil de la tiare et la paraphrase en action de ses prétentions à la puissance universelle, à la suprématie absolue de l'autel sur le trône. Que dirions-nous s'il plaisait un jour à l'archevêque de Paris de placer devant le portail de sa cathédrale les statues équestres de Louis XIV et de Napoléon Iᵉʳ? Nous penserions tout au moins qu'on aurait pu leur en ouvrir les portes.

En voyant passer le pape assis sur sa chaise gestatoire, porté à bras d'hommes, revêtu de ses habits pontificaux, je me demandais pourquoi ce prêtre, qui s'intitule le serviteur des serviteurs de Dieu, portait une triple couronne, s'il ne marquait pas ainsi qu'il était trois fois plus puissant que les plus puissants souverains de la terre.

Déjà je vous ai parlé de la devanture de l'église, de cette malencontreuse construction, haute de 45 mètres, en avant d'une nef déjà fort longue, masquant les petits dômes et une grande partie de la grande coupole elle-même, si l'on n'est placé à une grande distance. Lorsque Michel-Ange rêvait une façade, surmontée d'un fronton, il était question de donner au tombeau de Saint-Pierre la forme d'une croix grecque; le portail ne devait pas couvrir la grande coupole, elle restait exposée entièrement aux regards; on pouvait admirer ses élégantes et puissantes proportions. Le pape Paul V et l'architecte Fontana en décidèrent autrement, et firent la construction que l'on voit aujourd'hui, une façade fort belle, sans doute, mais qui a le tort grave d'être beaucoup trop élevée pour le monument.

J'avoue, d'ailleurs, que je ne puis m'habituer à ces façades d'églises, ayant l'apparence de maisons d'habitation.

Ces portiques au rez-de-chaussée, deux rangées de fenêtres, surmontées d'un acrotère portant des statues, iraient mieux devant un palais, un théâtre, une salle de concert que devant le temple du Seigneur. Quelle différence avec nos façades gothiques, où tout est sévère, grave, religieux. Il en est de même des intérieurs, Saint-Pierre, Sainte-Marie-Majeure, Saint-Jean-de-Latran, et beaucoup d'autres églises de Rome et d'Italie affichent un luxe désordonné; on n'y voit que riches marbres, peintures, mosaïques, dorures, tout y parle aux yeux et rien au cœur ni à l'esprit; il semble que, dans ce pays indolent et voluptueux, les législateurs religieux aient fait appel aux sens en les flattant par de douces images, le luxe et les arts.

Les réformateurs avaient, sans doute, été frappés de l'inconvénient de ces richesses énervantes, lorsqu'ils proscrivirent dans leurs temples les peintures et les ornements.

Les amateurs passionnés du moyen-âge répondent à ces critiques, que c'est conforme à l'art grec, aux meilleures traditions de l'antiquité, que les ornements ne détournent pas de la prière, qu'ils la provoquent en excitant l'admiration. Je ne veux pas entamer sur ce sujet une dissertation qui me mènerait trop loin ; mais, pour ma part, je comprends l'architecture grecque avec le paganisme : Vénus, Diane, Junon, Pallas seraient à l'aise dans les temples copiés sur ceux où on les adorait; leur air dégagé, leur costume plus que mondain, iraient très bien avec les dorures, les tableaux et le reste; mais la

Vierge timide et mystique du christianisme est mieux placée sous les grandes voûtes sombres de nos cathédrales que dans les temples créés pour faire ressortir les attraits des déesses.

Saint-Pierre nous offre un exemple de l'effet produit par ces grandes décorations; lorsqu'on y entre, un mouvement instinctif, non raisonné, fait mesurer de l'œil l'immensité de l'édifice, le regard s'arrête devant les dorures, les marbres, dont on est entouré. C'est un musée; on regarde, on examine, on apprécie; l'habitude italienne de ne pas mettre de siéges dans les églises rend la promenade plus facile, la fatigue en fait presque une nécessité. Les architectes eux-mêmes semblent avoir pensé que l'église ne serait pas un lieu de recueillement en mettant de place en place dans le dallage des inscriptions indicatives de la grandeur des plus célèbres cathédrales, afin qu'on puisse les comparer à celle-ci.

Je ne sais si le peuple romain a quelques idées religieuses ; on pourrait croire le contraire en voyant les églises, elles ne sont fréquentées que par les étrangers ; si quelques indigènes s'y hasardent, ils causent, parlent, rient en se promenant; cependant ils ne manqueront pas de faire une génuflexion devant chaque autel, d'aller baiser le pied de Saint-Pierre, mais, cela fini, on ne se douterait pas qu'ils sont dans une église ; le recueillement, la prière, la méditation, semblent leur être inconnus.

Le clergé lui-même n'est pas plus respectueux pour la maison du Seigneur ; j'ai vu, à la messe du dimanche des Rameaux et à la grande cérémonie du jour de Pâques, pendant que le pape officiait, des ecclésiastiques munis de lorgnettes pour mieux examiner les phases de l'office, les cardinaux, les membres du cortége papal, les dames installées sur des estrades bâties tout exprès de chaque côté du maître-autel ; on pouvait se croire au spectacle.

Les gens attachés à l'église ont les

mêmes idées. Deux longues tablettes, en forme de banc élevé, sont placées dans le bas de l'église; les domestiques des prélats viennent y poser les coussins qu'ils doivent placer sous les genoux de leurs maîtres, lorsque ceux-ci s'agenouillent; là, ils causent entre eux, tout haut, on y entend parfois des plaisanteries d'antichambre quelque peu déplacées dans le temple du Seigneur.

Vous pouvez apprécier si tout cela dispose à la prière !!

On peut encore remarquer que les églises sont rarement ouvertes, on y dit une messe le matin, puis, les portes sont fermées; on ne trouve ouvertes que celles dont la renommée attire les étrangers. Là, c'est une spéculation du sacristain, il espère recueillir quelques francs en échange des explications qu'il donnera.

La religion me paraît singulièrement comprise en ce pays : tout y est extérieur, rien de senti, rien de profond ; les églises sont arrangées pour frapper les yeux; un

Romain se met en règle par quelques génuflexions, puis il ne pense plus au lieu où il se trouve.

Les ministres du culte même, cherchent à frapper les imaginations par la pompe qu'ils déploient, ils ornent du mieux qu'ils peuvent leur église; s'ils n'ont ni marbres, ni statues, ils en font peindre sur les murs. S'ils ne peuvent dissimuler la nudité des murailles par ces trompe-l'œil plus ou moins bien réussis, il les tendent avec des rideaux de soie ou de laine, garnis de franges d'or ou d'argent, comme on le ferait en France pour un boudoir élégant; les couleurs claires et éclatantes sont généralement choisies, leur chatoiement éblouit et satisfait les yeux peu difficiles.

Les monuments religieux dépassent le nombre de trois cent quarante; j'ai vu les principaux, mais je me bornerai à vous parler de quelques-uns. Après Saint-Pierre, trois basiliques méritent un examen particulier, ce sont: Saint-Jean-de-Latran, Sainte-Marie-Majeure et Saint-Paul-hors-des-Murs.

La première est appelée la mère et le chef des églises, elle fut depuis Constantin la principale église de Rome. Détruite par un tremblement de terre en 896, reconstruite par Sergius III, elle fut consumée par un incendie en 1308; rétablie par Clément V, décorée de peintures par le Giotto, soumise à de grands changements en 1650, elle resta sans façade jusqu'en 1734, époque où il en fut fait une par Alexandra Galilei, sous le règne de Clément XII. Cette façade est belle, quoiqu'un peu lourde; elle consiste en un grand nombre de pilastres composites. Le centre est marqué par quatre grosses colonnes couronnées de frontons, derrière lequel est une balustrade supportant les statues du Christ et des Apôtres. Une loggia, ménagée au premier étage, reçoit le pape le jour de l'Ascension, lorsqu'il vient donner sa bénédiction à la foule assemblée. Ici, comme à Saint-Pierre, une statue antique de Constantin-le-Grand est placée sous le portique.

La façade ne se relie en aucune façon à l'architecture du reste de l'édifice, et si son ensemble est beau, les détails sont fort critiqués.

L'intérieur frappe d'abord par la magnificence et la majesté de la grande nef; l'autel en mosaïque de pierres dures fut élevé par les soins d'Urbain V, pape français, après le second incendie de la basilique; ce fut le roi de France, Charles V, qui en fit les frais.

Cet autel a deux étages; on conserve dans le second les têtes des apôtres saint Pierre et saint Paul, retrouvées en 1367, par Urbain V, dans l'oratoire Sancta-Sanctorum.

Dans la partie inférieure est l'autel de bois qui a servi aux cérémonies religieuses depuis saint Pierre jusqu'à saint Sylvestre.

L'autel actuel ne sert qu'aux solennités dans lesquelles le pape officie, il termine bien la première partie de la nef, quoiqu'il soit peut-être un peu petit relativement à l'ensemble du vaisseau et aux énormes proportions de certains décors ; ainsi, devant chaque pilier se trouvent à droite et à gauche les statues colossales des douze Apôtres, de l'école du Bernin, c'est-à-dire, lourdes et massives.

Le plafond a été dessiné par Michel-Ange, dans le style large et puissant qui lui était ordinaire. Quatre nefs latérales sont richement décorées, on y voit de magnifiques sculptures, des mosaïques et une foule d'ornements dont on était si prodigue alors ; en somme, l'ensemble est très satisfaisant. Mais le trésor architectural de cette église est la chapelle Corsini, élevée par Clément XII à l'un de ses ancêtres, André Corsini, évêque de Fiesole. Ce bâtiment acquit une telle importance, qu'il devint le tombeau des personnages illustres de la famille Corsini. Cette chapelle est à elle seule une petite église ; elle a une sacristie, une tribune particulière donnant dans l'église et une crypte. Un sacristain loge dans les étages supérieurs.

Elle a la forme d'une croix grecque. L'autel est en face de la grille d'entrée. Dans l'axe transversal sont deux grandes niches. Les murs sont incrustés de pierres rares.

On y voit la statue en bronze de Clément XII, un grand sarcophage de porphyre, des colonnes torses et de beaux tableaux. Le tout est surmonté d'une coupole, percée de huit croisées. A droite est le tombeau du cardinal Néry Corsini ; à gauche, le tombeau que Clément XII avait fait établir pour lui-même. Le pontife, assis, donne la bénédiction ; plus bas sont deux femmes, dont l'une personnifie la magnificence ; elle tient déroulé le plan de la façade de Saint-Jean-de-Latran et désigne Clément XII comme son auteur.

Parmi les membres de la famille Corsini, dont la mémoire est conservée dans cette chapelle, se trouvent un pape, quatre cardinaux, un prince vice-roi de Sicile.

Rien n'est plus riche, plus en harmonie, plus pur de construction que ce monu-

ment, œuvre de Galilei. Tous les genres de magnificence y sont rassemblés. Voici comment s'exprime à son sujet l'architecte Le Tarouilly... : « Splendides décorations
« architecturales, marbres précieux et va-
« riés, statues, bas-reliefs, peintures, mo-
« saïques, stucs dorés, y sont partout pro-
« digués, et comme la beauté du travail ne
« le cède pas à la richesse des matériaux,
« il en résulte que tout concourt à faire de
« cette chapelle une des plus belles qu'on
« puisse citer, non-seulement à Rome,
« mais dans le monde entier; aussi croyons-
« nous que son rare mérite architectural
« peut être résumé par ces trois mots :
« élégance, harmonie, magnificence. »

De l'autre côté de la place est l'ancien palais pontifical, d'assez belle apparence. Habité et agrandi par Constantin, au quatrième siècle, et donné par cet empereur au pape saint Sylvestre, il fut rebâti au seizième siècle par Sixte-Quint.

Non loin de l'église est le baptistère, dit de Constantin. Quelques-uns prétendent que ce petit édifice était une salle de bains, dépendant du palais de cet empereur; d'autres pensent, au contraire, qu'il a été bâti par Constantin sur le lieu même où il avait été baptisé par saint Sylvestre. Quoi qu'il en soit, sa forme octogone et ses divisions en deux nefs lui donnent un aspect peu commun. Entre les pilastres sont des tableaux d'André Sacchi produisant un bel effet. Le tout est surmonté d'une coupole percée de huit œils-de-bœuf.

Presqu'en face de la basilique est la Scala-Santa, édifice élevé pour placer l'escalier de la maison de Ponce-Pilate, à Jérusalem, immortalisé par le passage du Christ. Cet escalier, composé de vingt-huit degrés de marbre, fut apporté à Rome en 326 par l'impératrice Hélène. Il ne peut être monté qu'à genoux, celui qui accomplit cette prescription dans une disposition d'esprit pieuse et recueillie, en disant une prière et en baisant chaque marche dévotement avant de passer à une autre, gagne, par ce seul fait, neuf indulgences par marche ; ainsi, avec un peu de bonne volonté, on peut se procurer deux cent cinquante indulgences en bien peu de temps ; encore est-on un peu trompé : les marches en marbre ont été recouvertes de planches, afin de les préserver de l'usure produite par les genoux et les lèvres des fidèles. Mais l'intention suffit. Au haut de l'escalier est une petite chapelle, sous l'invocation de S. Salvatore, avec une image du Christ attribuée à saint Luc. En avant est placée une grille et une planche d'appui, destinées à recevoir les offrandes des croyants.

Après Saint-Pierre et Saint-Jean-de-Latran, la basilique de Sainte-Marie-Majeure est le plus important édifice religieux de Rome. Elle est connue aussi sous le nom de basilique Libérienne, du nom du pape Libérius, qui la consacra vers le milieu du IIIe siècle. Les légendes rapportent qu'un riche Romain, nommé Jean, vit en songe la Vierge Marie, qui lui ordonnait de lui élever une église dans la ville, au lieu même où l'on trouverait le jour suivant de la neige fraîchement tombée.

Le pape Libérius Ier avait eu une semblable apparition. On apprit qu'en effet, malgré les chaleurs excessives de la saison (5 août), il était tombé de la neige sur le sommet du mont Esquilin, près de l'ancien temple de Junon-Lucine.

Le pontife se rendit immédiatement au lieu désigné et posa la première pierre d'une église dont le noble Romain paya les frais.

Cette église, toute pavée et ornée des marbres les plus rares, avec incrustation de pierres dures, est une des plus riches et des plus élégantes de Rome. Toute la voûte du chœur est enrichie de mosaïques d'une rare beauté. Elle contient les tombeaux de plusieurs papes, entre autres celui de Nicolas IV, d'une exécution belle et grandiose ; plusieurs cardinaux y ont fait élever des chapelles; toutes rivalisant de richesses et de décorations.

L'extérieur est aussi magnifique que l'intérieur ; d'un côté, un beau portique, précédé d'une colonne corinthienne, apportée de la basilique de Constantin, laisse voir les deux coupoles et le beau clocher élevé postérieurement. Pourquoi faut-il que tout cela soit gâté par une maison d'habitation élevée au bout du portique, à l'usage des chanoines et desservants de l'église ?

Après Sainte-Marie-Majeure, Saint-Paul-hors-des-Murs, bâtie, dit-on, par Constantin-le-Grand, sur un cimetière où avait été enterré l'apôtre saint Paul, était un des monuments des plus remarquables de cette époque ; elle fut presque entièrement détruite par un incendie dans la nuit du 15 au 16 juillet 1823. Il ne resta debout que quelques colonnes de porphyre et de marbre rouge, d'après lesquelles on peut juger ce qu'avait été le temple détruit.

Le cloître fut en partie conservé ; les élégantes colonnettes qui l'entourent étaient autrefois couvertes de mosaïques; on en voit encore quelques débris.

La reconstruction est à peu près terminée; malheureusement l'édifice est entièrement moderne et ne rappelle en rien celui qu'il a dû remplacer.

L'église actuelle est un immense bâtiment à cinq nefs; on n'y voit que marbres, dorures, mosaïques, la réunion, enfin, de toutes les richesses architecturales. Il produit une impression profonde par ses dimensions colossales, l'éclat de ses marbres et ornements. La toiture est soutenue par quatre-vingts colonnes de granit du Simplon. Deux colonnes jaunâtres en albâtre d'Orient et les quatre du tabernacle du maître-autel sont un cadeau du vice-roi d'Egypte, touchante attention de Mahomet pour Jésus-Christ.

Cet immense bâtiment, avec ses colonnes éblouissantes par le poli des marbres, pourrait être bien utilisé pour faire une Bourse de commerce ou le péristyle de quelque immense palais. On y cherche vainement ce qui pourrait rappeler la religion ou la piété.

L'absence de siéges aide beaucoup à cet effet ; l'esprit comprend cet éloignement de tout embarras sur l'aire basse, comme une facilité accordée à la promenade et à la distraction.

Non loin de Saint-Paul est une petite église, appelée des Trois-Fontaines ; elle ne présente rien de curieux ; c'est un batiment long, sans ornement, froid et humide, mais l'histoire de sa création est des plus intéressantes.

Saint Jean fut enfermé dans un cachot voisin de l'église, puis, au jour fatal de l'exécution de l'arrêt qui le condamnait à avoir la tête tranchée, on l'attacha à une colonne que l'on voit encore. Sa tête, détachée du corps, tomba, toucha la terre à trois endroits en rebondissant par sauts égaux d'environ 2 mètres, et aussitôt trois fontaines jaillirent aux endroits que la tête avait touchés ; la première donne de l'eau chaude, la seconde de l'eau tiède, et la troisième de l'eau froide, témoignant sans doute ainsi combien le sang allait se refroidissant.

Ce lieu, si bien sanctifié par la mort de l'apôtre et par l'accomplissement d'un si grand miracle, fut longtemps confié à la garde de moines, mais ils l'abandonnèrent parce que la *malaria* y sévissait. Les trois fontaines restèrent longtemps sans gardien. On vient d'y établir un Chartreux chargé d'étudier le climat et de voir si, moins malveillant, il permettrait à quelques Chartreux dévoués d'y résider.

En allant à Saint-Paul, on trouve à moitié chemin une petite chapelle, à l'endroit où saint Pierre et saint Paul, allant au supplice, s'embrassèrent pour la dernière fois et furent séparés.

La même route contient une antiquité plus authentique, c'est le tombeau de Caïus-Sextius, belle pyramide dans le genre égyptien, dont la base est maintenant de 7 à 8 mètres en contre-bas de la route.

Quoiqu'elle date de près de 2,000 ans, elle est encore bien conservée.

Encore quelques mots sur deux édifices religieux, Santa-Maria-del-Popolo et Saint-Louis-des-Français. Suivant une tradition populaire, des démons s'étaient établis dans le voisinage du tombeau de Néron. On ne pouvait parvenir à les en chasser. Le pape Pascal II imagina, en l'an 1100, de construire une chapelle en cet endroit. Le peuple se prépara à la consécration de l'édifice par trois jours de jeûne; alors les apparitions nocturnes cessèrent, les maléfices de Satan furent déjoués, et l'église demeura en grande vénération.

Quoi qu'il en soit des résultats ainsi obtenus, toujours est-il qu'il devint de mode d'y avoir une chapelle. Les meilleurs architectes y travaillèrent, chaque siècle y apporta son tribut. Des tombeaux furent élevés à des personnages illustres; ceux d'Ascanio Sforza, du cardinal Bosso et de tant d'autres, font de cette église un véritable musée d'architecture et de sculpture, dont toutes les parties ont été reproduites par la gravure ou la photographie.

On peut juger de son importance artistique, en voyant les noms des maîtres qui y ont travaillé : San-Gallo, Carlo-Maratta, Pinta-Ricchio, San-Savino, Annibal Carrache, Caravage, enfin, Raphaël, qui se montra architecte, peintre et sculpteur, dans la construction de la chapelle Chigi.

Une bizarrerie d'artiste se rencontre dans cette chapelle chrétienne : les mosaïques de la coupole représentent Jupiter, Mercure, Diane, autour de Jéhovah ; l'auteur des dessins est Raphaël !

SAINT-LOUIS-DES-FRANÇAIS.

Jolie église achevée en 1589. Catherine de Médicis fournit presque tous les fonds nécessaires à sa construction. Plusieurs Français célèbres y ont leurs tombeaux ; les peintres Pierre Guérin, Claude Lorrain, Poussin, Sigalon, les cardinaux Dossot et de Bernis, Mme de Montmorin, le cardinal

de La Grange d'Arquien, beau-père de Sobieski, plus connu par ses galanteries que par sa dévotion. Voici son oraison funèbre, faite par saint Simon : « Homme
« d'esprit, de bonne compagnie, fait car-
« dinal à quatre-vingt-deux ans, gaillard,
« qui eut des demoiselles fort au-delà de
« cet âge, qui ne dit jamais son bréviaire,
« et qui s'en vantait. »

SAINTE-TRINITÉ-DU-MONT.

Sinon l'une des plus belles, au moins l'une des mieux situées des églises de Rome.

On y accède de la place d'Espagne par un escalier à dix paliers, entre chacun desquels sont douze marches. L'église, construite en 1494 par Charles VIII, fut restaurée par les soins de Louis XVIII et donnée aux religieuses du Sacré-Cœur. L'escalier appartient à la France, quatre bornes placées au bas portent encore d'un côté des fleurs de lys et de l'autre des aigles.

On remarque dans l'église une belle fresque de Danielo de Volterre, transportée sur toile, en 1811, par Camurcini.

Le Poussin plaçait cette œuvre après la transfiguration de Raphaël; malheureusement, elle a été fort abimée, les couleurs n'ont rien conservé de leur ancien éclat.

Encore deux églises, si vous le permettez, et je m'arrêterai, car s'il fallait décrire toutes celles qui ont quelque chose de remarquable, il faudrait les citer presque toutes. Vous dire les formes primitives de Saint-Clément, sa cour carrée à portique, le porche, le seul qui ait été conservé aux basiliques de Rome; S. Carlo de Cœtinari, avec sa vaste coupole, ses pendentifs du Dominiquin, une Annonciation de Lanfranc, la procession de saint Charles Borromée, par Pierre de Cortoue; S. Agostino, avec sa célèbre fresque du prophète Isaïe, par Raphaël; presque toutes ces églises, avec des profusions inouïes de marbres, de dorures, de mosaïques, de pierres précieuses, deviendrait fastidieux;

terminons donc par Santa-Maria-Sopra-Minerva. Bâtie au xiv° siècle sur l'emplacement d'un temple de Minerve, comme le dit son nom, c'est la seule église, à Rome, d'un style gothique, simple et large; malheureusement le style a encore disparu sous la masse d'ornements qui le décorent, cependant il faut admirer une belle fresque de Nebbia, de bons tableaux de Barroccio, de Lippi, de Maratta; la voûte de Venusti; de belles statues, entre autres une du Christ, de Michel-Ange; les tombeaux de Léon X et de Clément VII, enfin celui très modeste du cardinal Bembo, élevé par le fils naturel qu'il avait eu de la Morosina.

SANTA-MARIA-DEGLI-ANGELI.

La nef transversale est l'ancienne bibliothèque des Thermes, de Dioclétien, soutenue par huit belles colonnes de granit d'un seul morceau.

Une chambre d'entrée circulaire sert de vestibule dans lequel on voit les tombeaux de Carlo-Marata, de Salvator-Rosa et de F. Alciot, ainsi qu'une belle statue de saint Bruno, faite par Houdon, sculpteur français, pendant son séjour à Rome. Clément XIV la trouvait si belle, qu'il assurait qu'elle parlerait si la règle de son ordre ne le lui défendait pas. Enfin, au fond du chœur sont deux chapelles demi-souterraines dans l'une desquelles les femmes n'entrent pas.

Mais en voilà assez, trop peut-être; à demain.

IX.

L'une des plus grandes attractions de Rome est certainement la personne du Saint-Père; on sait que tous les vendredis, à midi, il vient prier dans la grande Basilique; les étrangers s'y rendent pour le voir.

Le pape est de petite taille, il paraît marcher difficilement, cependant il ne s'appuie sur personne. Son regard est vif, perçant et scrutateur ; sa voix est belle et d'une étonnante sonorité. Chacun le voit avec un œil prévenu, suivant ses goûts et ses désirs.

Les uns le représentent comme un malade impotent prêt à descendre dans la tombe ; les autres assurent qu'il est plein de force et de santé ; je crois qu'ils sont également loin de la vérité. Le pape a d'abord le poids de soixante-dix-huit années à supporter, c'est déjà quelque chose, puis des infirmités inhérentes à l'âge. On assure que ses jambes sont gravement atteintes, la manière dont il marche le fait croire, mais le corps est sain, un malade n'a pas le regard aussi assuré qu'il l'a, ni la voix aussi pure, aussi claire, aussi ferme que l'est la sienne.

La personne du pape est assez aimée à Rome, ses manières sont simples et familières, il accueille bien ceux qu'il reçoit. Sa parole est toujours agréable, il s'exprime facilement en français. Chaque jour, vers quatre heures, il fait une promenade en voiture. Souvent il descend au Piucio ou à la place d'Espagne. Tout ce que j'ai entendu dire me donne la conviction que, même dans un mouvement populaire, il n'aurait personnellement aucun danger à courir ; mais si l'homme est respecté, il n'en est pas de même de son gouvernement ; je n'ai pas entendu un mot en sa faveur, ce ne sont que plaintes, récriminations. Si la population de Rome était livrée à elle-même et ne subissait pas la pression d'une police active, jalouse, inquisitoriale, appuyée sur des baïonnettes, il n'y aurait besoin d'excitations ni du dehors ni du dedans, le gouvernement papal serait immédiatement renversé.

Peut-il en être autrement ? Un gouvernement peut-il se soutenir en vivant de la vie des siècles passés ; il a beau élever des barrières contre le progrès, l'instruction, la science, il en perce toujours quelque peu, et ce peu suffit pour faire sentir au peuple qu'il est resté en arrière de deux ou trois cents ans sur le reste du monde.

Voulez-vous juger ce qu'est le gouvernement papal, regardez ses Suisses avec leur fraise empesée et leur casque du temps de la ligue, c'est son image ; sa politique, ses traditions, ses discours, tout en est resté à cette époque.

Je ne veux pas dire que la population ait un grand désir d'être unie à l'Italie, même pour en devenir capitale ; elle est trop abâtardie pour nourrir de ces projets ambitieux. Si quelques esprits plus hardis, plus éclairés que les autres, rêvent pour Rome un nouvel avenir de gloire et de grandeur, ils ne sont pas en majorité. Cependant un instinct secret réveille cette population endormie, mais intelligente ; il ne faut qu'un éclair pour lui faire comprendre ses destinées, et alors ! ! !

Si le royaume italien devenait maître de Rome, il y aurait pendant quelques semaines des démonstrations bruyantes et brillantes, mais bientôt un regret naîtrait ; il n'y a nulle part autant de liberté qu'en cette ville opprimée.

Pourvu qu'on n'y parle pas de politique, de religion, du gouvernement, des cardinaux, etc., etc. (lisez le monologue de Figaro), on peut y faire tout ce que l'on veut; il y a des ordonnances sur la propreté des rues, personne ne s'en occupe : balayer serait un luxe et l'intervalle des pavés est capitonné par le crottin des chevaux, qu'on laisse s'y amasser; des ordures sont déposées au coin de chaque rue, la règle voudrait qu'on les enlevât tous les matins, elles y séjournent et s'y accumulent indéfiniment.

Quelques rues ont des trottoirs, mais ils sont au niveau du pavé, de sorte que les cochers y font concurrence aux piétons.

La moralité est à l'ordre du jour, mais on ne s'occupe pas de ce qui se dit, ni de ce qui se fait, et tel sort d'un salon après une tirade sur la démoralisation du siècle, pour se rendre chez sa maîtresse, que tout le monde connaît.

L'obscurité cache bien des choses, aussi le gaz n'a pu pénétrer dans Rome qu'à la suite de la dernière occupation française, comme moyen de précaution et de stratégie ; encore n'y a-t-il en ce moment que le Corso et le Forum de Trajan, livrés à cet envahisseur impie. J'ignore si les inquiétudes étant moindres, on continuera à lui donner droit de cité dans de nouvelles voies.

Si la domination italienne était établie à Rome, elle exigerait, sans doute, l'exécution des règlements de salubrité, de propreté, l'éclairage des rues et beaucoup d'autres choses ; les Romains ne tarderaient pas à se plaindre et à regretter leur *far niente*, ils béniraient ceux qui les auraient délivrés de la domination des prêtres, mais ils maudiraient les règles auxquelles il faudrait se soumettre. Quelques années seraient nécessaires pour les élever au niveau de nos sociétés modernes. On ne change pas par une ordonnance ou même par une loi, les habitudes, les mœurs, les coutumes d'une population ; tous désirent sortir de leur situation actuelle, mais personne ne pense à ce qui en résultera. A Rome, tout est à faire, il faut que cette population engourdie rattrape deux siècles d'arriéré; jusque-là on ne sera pas tranquille.

L'instruction est la première chose dont on devrait s'occuper; en ce moment, elle est nulle à Rome, il n'y a pas d'institutions particulières, tout est aux mains de l'État, et l'État ne laisse rien enseigner; lire, écrire, quelques éléments de calcul, voilà les sciences que la générosité papale laisse répandre dans la population; un peu d'italien est le partage des classes éclairées. Il y a bien deux colléges où l'on enseigne le grec et le latin, mais ces établissements sont réservés pour les jeunes gens qui se disposent à entrer dans les ordres.

Ici tout est arriéré, bizarre; le costume des professeurs indique l'état de l'instruction : bas de laine, culotte courte, gilet de drap, longue redingote, le tout en drap noir; cravate blanche sans col de chemise, tricorne clérical. Vous souvenez-vous du curé entrant le vendredi dans une chaumière où l'on fait gras, c'est le type du professeur romain. C'est cet être amphibie, moitié prêtre, moitié bourgeois, qui, seul, a le privilége de répandre et de propager les lumières de la science. Son costume suffit pour faire savoir ce qu'elles sont en passant par sa bouche.

Il faudrait établir des tribunaux dont les juges, libres et indépendants, ne relèveraient que de leur conscience et de la loi ; aujourd'hui, le droit et l'équité ne sont comptés pour rien, le principal est d'avoir des protecteurs. Si vous êtes allié, ami d'un prélat, vous pouvez faire tout ce qu'il vous plaira, la justice ne vous en demandera aucun compte; si vous êtes seulement protégé et que le cas soit grave, on vous condamnera, mais bientôt vous serez gracié et vous rentrerez chez vous avec l'estime et la considération publiques, car en ce pays, le méfait est considéré comme rien, si on a la chance d'échapper aux conséquences qu'il doit entraîner.

Les haines, les vengeances particulières soulèvent les passions, le couteau joue souvent son rôle, mais qu'importe, le coup qu'il donne ne déshonore pas plus celui qui le porte que celui qui le reçoit.

Soumettre cette population à des lois rigoureuses sera difficile, mais on y parviendra en relevant son caractère, en la rappelant au sentiment du juste, en lui inspirant l'amour du travail, si cela est possible.

Un grand élément de rénovation serait le percement de voies nouvelles, la rectification d'une foule de petites ruelles, l'exécution rigoureuse des règlements concernant la salubrité et la propreté; on ne l'obtiendra pas si la ville n'est pas changée; si elle reste ce qu'elle est, l'habitude l'emportera sur les prescriptions, l'homme qui n'a jamais balayé le devant de sa maison, ne balaiera pas plus qu'avant. Si la borne où il a coutume de déposer ses ordures reste à la même place, il continuera de les y porter. Si les principes changent, il faut que les actions changent aussi. Pour y parvenir, l'habitant doit être, pour ainsi dire, dépaysé, cela ne peut venir que par des modifications profondes dans le système actuel ; il serait facile de les faire.

Nous proposons de nommer M. Haussmann préfet de Rome pendant deux ans, il y rendrait d'immenses services ; Paris en serait satisfait.

X.

Les cérémonies religieuses de la Semaine-Sainte attirent à Rome une foule d'étrangers, les hôtels sont pleins, on peut à peine trouver une chambre ; on a bien la ressource des logements en ville, mais les touristes n'en peuvent faire usage, c'est bon pour les familles disposées à séjourner ; enfin, on se case tant bien que mal et on court à Saint-Pierre.

Chaque jour de la semaine a sa cérémonie, mais presque toujours les offices ont lieu à la Chapelle-Sixtine, les dames n'y sont admises que si elles sont munies de billets d'entrée, les hommes peuvent y pénétrer, pourvu qu'ils soient en habit noir, mais l'espace est si restreint que peu de personnes peuvent y trouver place.

La chapelle est cependant assez grande, mais l'autel, les bancs des cardinaux, en occupent les deux tiers; le bas, à droite, est rempli par des banquettes réservées aux dames; à gauche, on a élevé sur poteaux une large tribune destinée aux princes et aux grands personnages; les hommes se placent sous cette tribune et derrière la balustrade séparant les cardinaux du public.

On délivre à peu près autant de billets qu'on en demande, de sorte qu'à la porte on se pousse, on lutte pour entrer, puis, arrivé à l'intérieur, on s'entasse jusqu'à ce que l'on ne puisse plus remuer. On ne sait que faire des chapeaux, on les tient généralement sur l'épaule, ce qui fait autant d'obstacles pour la vue.

Quand on a pu se trouver une fois parmi

les élus, on est peu tenté d'y retourner. Pour ma part, satisfait d'avoir pu assister aux offices du Jeudi-Saint, je ne suis retourné que jusqu'à la porte, sans essayer de pénétrer dans la bienheureuse enceinte.

J'étais fort curieux d'entendre les chants si renommés de la chapelle Sixtine; pour eux j'ai bravé deux heures de *carcere duro*; avec des entraves aux jambes et aux bras, car littéralement je ne pouvais bouger. Je ne sais si je devais à cette contrainte une mauvaise disposition, mais je n'ai pas été émerveillé. Sans doute, c'était bien, mais j'ai entendu mieux et j'ai été fort surpris. Cependant, il faut reconnaître que ces chanteurs comprennent parfaitement la musique religieuse, ils savent la faire sentir et communiquent aux auditeurs la pensée et le sentiment de l'auteur. Ils ont chanté un *Miserere*, de Pergolèse, du plus beau style, avec une grande perfection, mais ce qui m'a le plus frappé, ce sont les *Lamentations*, du même compositeur. La dernière surtout, accompagnée d'une sorte de mise en action bien entendue, produit un merveilleux effet. Au moment où elle va commencer, douze ecclésiastiques, portant chacun un cierge de cire jaune, entrent dans la chapelle et vont se ranger à genoux devant l'autel; la lamentation commence, la musique, lente, triste, est chantée par des voix plaintives; au moment où le premier verset finit, un des cierges jaunes est éteint. Après un instant de silence, les voix reprennent, la tristesse est plus marquée, les chants sont traînants, à la fin de chaque verset un cierge s'éteint; lorsqu'on arrive au dernier, les voix cessent de se faire entendre, elles semblent s'affaiblir et se perdre dans la douleur, aucune lumière ne brille plus, on se retire en silence, l'impression est profonde.

Puis chacun rend grâce à Dieu d'être sorti de cette foule qui l'étouffait.

Cette solennité du Jeudi-Saint m'a donné l'occasion de voir, dans la tribune de la chapelle Sixtine, celui qu'à Rome on appelle le roi de Naples, en grand uniforme de général, entouré de sa famille et de plusieurs officiers ; je ne sais au juste quelle est la portée de son intelligence, sa figure ne la révèle pas.

En sortant de la chapelle Sixtine, le pape se rend à Saint-Pierre pour laver les pieds des apôtres. La cérémonie a lieu dans une chapelle préparée à cet effet ; le pape étant placé sur le trône pontifical est entouré d'ecclésiastiques, on lui retire ce qu'on nomme le pluvial, d'autres lui attachent un tablier blanc, les uns portent une cuvette et une aiguière en argent remplie d'eau, d'autres des serviettes et des bannettes chargées de fleurs. Le pape passe devant les apôtres, leur jette un peu d'eau sur un pied nu, qu'il essuie, et le baise ; puis on donne à chacun d'eux un bouquet et ils se rendent au Vatican, où un dîner les attend ; les premiers mets leur sont servis par le pape.

Cette cérémonie n'a rien de touchant ; c'est un devoir qui s'accomplit et on semble en avoir écarté tout ce qui aurait pu indiquer l'humilité.

Le costume donné aux apôtres est risible ; ils sont affublés de robes de laine blanche, leur tête est couverte d'une espèce de haute coiffe de même étoffe, à peu près faite comme celle donnée par Molière au Malade imaginaire.

Le cortége, dont le Saint-Père est entouré, les ornements d'argent, le costume des apôtres, l'humilité affectée en face de chacun d'eux, font trop ressortir la différence des situations : les apôtres ne sont là que les comparses d'une représentation préparée, dans laquelle le cœur ni l'esprit ne jouent aucun rôle.

Quelle différence avec l'acte de Jésus-Christ !

Le dimanche de Pâques, le pape officie; dès le matin, la foule se dirige vers Saint-Pierre, on se demande si elle pourra y pénétrer ; inquiétude inutile, la basilique est vaste, il restera toujours de larges places pour les promeneurs.

Plusieurs estrades entourent le maître-autel, elles sont réservées aux dames pourvues de billets ; quelques places y sont occupées dès l'ouverture de l'église ; un cordon de gardes-suisses marque l'enceinte réservée aux hommes, l'habit noir sert de passeport et permet d'y être introduit. Vers dix heures, le cortége papal arrive ; il est composé de tous les cardinaux, archevêques, évêques, supérieurs d'ordres en résidence ou en séjour à Rome ; le pape est porté sur sa chaise gestatoire et entouré des officiers de sa maison. On le dépose au fond du chœur devant la chaire de saint Pierre, où il prend place, puis l'office commence.

Les chanteurs de la chapelle Sixtine occupent une tribune, leurs chants ajoutent au charme de la cérémonie, mais leurs voix ne sont ni assez fortes ni assez nombreuses pour produire quelque effet dans cet immense vaisseau.

Vers onze heures et demie, la messe étant terminée, le pape, entouré et suivi du même cortége, se rend à la loggia, située au-dessus de la principale porte de l'église, pour y donner la grande bénédiction pascale.

Le temps est mesuré de façon à ce que la bénédiction soit donnée au moment où midi sonne. Elle est entourée de toute la solennité possible. Les troupes présentes à Rome sont rangées en ligne devant l'église, la foule les entoure; plus loin sont également en ligne les voitures de toutes les personnes qu'elles attendent. Les yeux sont fixés sur la large fenêtre ouverte devant laquelle le pape s'arrête, on attend. Bientôt on voit paraître quelques cardinaux, des membres du clergé; les cloches sonnent, les musiques militaires jouent, le canon se fait entendre au fort Saint-Ange. Enfin, le pape, toujours sur son palanquin, paraît, tous les bruits cessent, le silence est profond, un cardinal lit un bref d'indulgence pour les assistants. Le pape se lève, et, les deux bras étendus, prononce les paroles sacramentelles de la bénédiction. Aussitôt après le bruit recommence, les cloches, les tambours, la musique, le canon, résonnent à l'envie, le cortége retourne au Vatican, la foule se disperse au milieu d'un tohu-bohu général.

Quelle que soit la croyance des assistants, ils doivent trouver cette cérémonie magnifique, imposante; ce vieillard, élevé au-dessus de tout ce qui l'entoure, grandi par ses bras élevés au-dessus de sa tête, par la tiare à la triple couronne, semble bien le dominateur universel, le représentant de la toute puissance divine. Le bel organe de Pie IX ajoute encore au prestige, on l'entend distinctement jusqu'à l'extrémité de la vaste place ouverte devant lui.

Au moment de la bénédiction, le bref d'indulgence, écrit en latin et en italien, est jeté du balcon sur la place, mais par un hasard providentiel, dont je n'ai pas voulu approfondir la cause, les deux feuilles de parchemin, d'abord emportées par le vent, reviennent sous le péristyle tomber juste aux mains des sacristains.

Après la cérémonie, un prêtre va s'asseoir dans un confessionnal, tenant à la main une baguette de 4 à 5 mètres de longueur, il en touche légèrement la tête de ceux qui viennent s'incliner devant lui, cela leur vaut une indulgence ; vous voyez qu'on peut en gagner facilement.

A certains jours de l'année, le grand pénitencier vient se poser dans un fauteuil spécial, placé dans le transept, et distribue de la même manière des indulgences à tous ceux qui en veulent.

Le soir, la façade et la coupole de Saint-Pierre sont brillamment illuminées.

La bénédiction du jour de Pâques est généralement connue sous le nom de Bénédiction *urbi et orbi*. Cette dénomination est belle ; le Saint-Père, du haut de son trône apostolique, donnant la bénédiction à la ville et au monde, représente bien le père des fidèles, le chef de la religion chrétienne ; le vicaire de Dieu sur la terre, dans toute l'étendue de son pouvoir religieux ; c'est une belle image. Malheureusement, cela n'est pas vrai ; la bénédiction ne s'adresse qu'aux assistants.

Rien dans les termes consacrés par l'usage, ni dans ceux de l'indulgence plénière qui la suit, ne lui donne ce caractère grandiose ; enfin, le cérémonial pontifical ne la connaît pas.

XI.

Avant de quitter la semaine sainte pour n'y plus revenir, je dois vous signaler encore quelques bizarreries qui m'ont frappé.

Les églises ne sont pas plus ouvertes à ce moment qu'à tous les autres. Dans quelques-unes, on se prépare aux cérémonies du dimanche, sans s'occuper de la Passion ; nulle part on ne voit, comme en France, les chapelles ardentes, le tombeau où le corps du Christ est censé reposer.

Si dans quelques églises, comme à Saint-Pierre, il y a une chapelle ardente, elle semble plutôt être expiatoire que contenir un tombeau ; le crucifix est jeté à terre, dans une chapelle voisine, le bas touchant le sol de l'église, le haut appuyé sur les marches. Les autels sont dépouillés de leurs ornements, les flambeaux renversés, tout exprime la désolation, le bouleversement. Cela peut être en situation, mais c'est triste, sombre, et me paraît rentrer dans les cérémonies faites pour les yeux. D'ailleurs, ici nous sommes chez les chrétiens, et si le sentiment de la douleur est exalté, il doit produire des effets contraires à ce qu'on nous montre ; je comprends que la mort du Christ émeuve les esprits chrétiens, qu'elle provoque une explosion de douleur, mais aussi de glorification. Je saisis mieux la pensée du tombeau dressé dans nos églises, avec toutes les pompes du culte, dans le dessein d'honorer la mémoire de celui qui n'est plus, que cet espèce d'abandon ; rien, suivant moi, ne justifie cet acte contraire au sentiment chrétien, du Christ traînant à terre sur les dalles de l'église, seul, délaissé, abandonné. Je le comprendrais, sans l'approuver, dans une synagogue; je ne le comprends pas dans une église chrétienne.

XII.

La ville, fondée 753 ans avant Jésus-Christ, avait d'abord été établie sur le mont Palatin. L'enceinte de Romulus ne contenait que 22 hectares et environ 11,000 habitants.

La population s'augmenta rapidement. Sous Tarquin l'ancien, une nouvelle enceinte fut construite; elle renfermait 638 hectares et les sept collines qui firent donner à Rome le nom de Urbis Septicollis; elles se nommaient le Palatin, le Capitolin, le Janicule, le Quirinal, le Viminal, l'Esquilin et le Vatican.

La population s'élevait, suivant un travail de Publius Victor, écrivain du IVe siècle, à 806,000 habitants.

L'espace était trop restreint pour loger toute cette population; on chercha à gagner en hauteur ce qu'on n'avait pas en largeur. Les choses arrivèrent au point que sous Auguste, il fut interdit de donner aux bâtiments une hauteur de plus de 20 mètres.

On comptait alors dans Rome 1,830 hôtels et 45,795 maisons.

La population resta très nombreuse jusqu'en l'an 330 après Jésus-Christ, où Constantin abandonna Rome et établit le siége de l'empire à Bysance.

Depuis cette époque, elle ne fit que diminuer, et après être descendue, en 1198, à 35,000 âmes, elle augmenta progressivement et en compte aujourd'hui environ 150,000.

Les anciens Romains excellaient dans les travaux d'art, non-seulement pour le goût et la beauté, mais encore pour la solidité. Le pavage des rues était en pierres de lave, appelée selcio, de formes irrégulières, ayant environ 60 centimètres de diamètre. C'est avec cette matière qu'était faite la Voie sacrée, dont le pavage dure encore.

Les parquets n'étaient point en usage en Italie. Les appartements étaient ou sont encore pavés en carreaux de terre cuite ou en mosaïque, pour donner de l'éclat à ce pavage.

Les anciens faisaient leurs mosaïques avec des pierres vitrifiées de diverses couleurs. Plus tard, cette mosaïque se fit avec de petits cubes de verres dorés pour la décoration des églises. C'est ainsi que les pendentifs de la coupole de Saint-Pierre et les copies de tableaux qui ornent les chapelles sont en mosaïque fort belle. Nous retrouverons ce genre d'ornement dans presque toutes les basiliques.

A Rome, comme dans toute l'Italie, il faut des décors, des ornements, aussi a-t-on fait un usage immodéré des marbres, des stucs, des fresques, du sgraffito que l'on voit partout, souvent du meilleur goût et de la plus belle exécution, souvent aussi laissant beaucoup à désirer.

Le Tibre n'a jamais dû être un fleuve bien important. Il roule doucement une eau rarement limpide, et cependant il est grossi de toutes les eaux que les Romains avaient amenées dans leur ville au moyen d'aqueducs magnifiques.

Au temps de la puissance de Rome, il en existait dix, ayant ensemble une longueur de 428,000 mètres, soit 107 lieues. Les vallons étaient traversés par environ 8 lieues d'arcades. Ces aqueducs versaient chaque jour dans la ville 1,320,000 mètres cubes d'eau. Il n'en subsiste plus que 3 d'une longueur totale de 27 lieues, donnant par vingt-quatre heures 180,500 mètres cubes, c'est environ 1 mètre 20 centimètres cubes par chaque habitant. Quelle ressource immense si les Romains voulaient en user! Combien ils pourraient laver, approprier leur ville, leurs maisons et leurs personnes, mais, hélas!

Ajoutons que cette eau est excellente. Faire arriver de bonnes eaux dans une ville est une chose de la plus haute importance; c'est un des principaux éléments de la vie et de la propreté. Sous ce rapport,

Rome est une ville des plus favorisées ; dès sa création, on s'est occupé de la pourvoir d'eau et on lui a ménagé de vastes moyens d'écoulement, non-seulement pour les eaux, mais pour toutes les immondices qui pourraient s'y produire. Sous l'édilité d'Agrippa, ils étaient si nombreux, que, suivant l'expression de Pline, la ville était suspendue et souterrainement navigable. Sous l'Empire, on regardait leur conservation comme tellement importante, que des magistrats spéciaux, nommés *Curatores cloacrum*, étaient chargés de veiller à leur entretien. Que de villes nous connaissons en France où le besoin de pareils magistratures se ferait sentir, non pour conserver, mais pour créer le service des eaux et en faciliter l'arrivée et la sortie !

Voici un petit abrégé historique des principaux événements qui ont transformé Rome :

An 753 avant Jésus-Christ, fondation de la ville.

An 509, fondation de la République.

An 29 après Jésus-Christ, établissement de l'Empire.

An 64, incendie de Rome sous Néron.

An 330, Constantin l'abandonne et établit à Byzance le siége de l'Empire.

An 364, Rome devient capitale de l'empire d'Occident.

An 755, commencement du pouvoir temporel des papes.

Astolphe, roi des Lombards, lève le siége à l'approche de Pépin, roi de France.

An 1305, Clément V transfère le siége pontifical à Avignon.

An 1375, Grégoire XI le reporte à Rome.

XIII.

Le monument ancien le plus parfait par son style est le Panthéon ; élevé par Agrippa, gendre d'Auguste, 26 ans avant l'ère vulgaire, brûlé sous Titus et sous Trajan, il fut restauré en l'an 202. On n'est pas d'accord sur son origine, quelques-uns pensent qu'il faisait partie des thermes d'Agrippa, auxquels il est adossé. Toute la construction, composée de briques, fut, à l'origine, recouverte de stuc ; le portique est certainement moins ancien que la rotonde, il fut probablement érigé lorsqu'on en fit un temple.

Ce portique a 105 pieds de largeur et 61 de profondeur, présentant de front 8 colonnes corinthiennes sur 2 rangs ; chacune de ces 16 colonnes est d'un seul bloc de granit oriental. Elles ont 14 pieds de circonférence et 38 de hauteur, non compris la base et le chapiteau de marbre blanc ; ces chapiteaux passent pour les plus beaux qui restent de l'antiquité.

Par une disposition bizarre, mais du plus bel effet, les entre-colonnements vont en se retrécissant, en s'éloignant du milieu; par contre, les colonnes vont en grossissant un peu.

La rotonde a 132 pieds de diamètre, la hauteur est égale à sa largeur; cette vaste coupole n'a pas de fenêtres et est éclairée par une seule ouverture circulaire pratiquée au centre de la voûte, son diamètre est de 26 pieds. Précisément au-dessous, on a pratiqué une sorte de puisard dans lequel vont se perdre les eaux de la pluie.

En 1632, Urbain VIII fit enlever les poutres et les clous de bronze de la toiture du portique, pour en faire les quatre colonnes du dais de Saint-Pierre; après ce travail, il en resta assez pour fondre 80 pièces de canon destinées au fort Saint-Ange. A la même époque, il fit construire par Le Bernin deux clochers que l'on qualifia durement, mais avec vérité, en les comparant à deux oreilles d'âne.

On ne peut rien voir de plus imposant que cette vaste coupole, de proportions aussi parfaites, dont Michel-Ange s'est inspiré pour tracer le dessin du grand dôme de Saint Pierre.

Depuis longtemps on a transformé le noble édifice en chapelle catholique, on l'a gâté en mettant des autels mesquins là où devaient être des statues rappelant toutes les grandeurs de l'antiquité. Cependant, on semble s'être rappelé la destination primitive de l'édifice en y plaçant le tombeau de Raphaël, celui de sa fiancée, nièce du cardinal Bibiena, et de quelques grands artistes · Balthazar Peruzzi, Jean d'Udine, Annibal Carrache, Zucchero et Perin del Vaga. Les bustes de ces artistes décoraient autrefois leur tombe, mais un zèle plus dévot que raisonné les fit enlever, et de simples inscriptions rappelèrent seules le lieu où étaient déposés les restes de ces hommes célèbres, honneur de leur patrie.

C'est ainsi que partout, à Rome, les monuments ont été, tantôt par l'un, tantôt par l'autre, dénaturés et détournés de leur destination primitive.

Après le Panthéon, la colonne Trajane est le reste le plus parfait de l'antiquité.

Composée de 28 tronçons de marbre rouge d'Egypte, reliés entre eux par de fortes pattes de fer, ornée de guirlandes au piédestal, d'une plate-forme à balustrade, elle porte sur ses spirales les victoires de Trajan sur les Daces, sculptées en relief. Elle était autrefois surmontée de la statue de l'empereur dont elle porte le nom ; mais, hélas ! saint Pierre lui a été substitué, et son auréole sacrée remplace la couronne, témoignage de la grandeur romaine.

Ajoutons que cette magnifique colonne, modèle de celle que la France avait élevée à Napoléon Ier, repose dans un bas-fond, de 4 à 5 mètres au-dessous de la voie, et semble reléguée à ce magasin d'antiquités avoisinant le forum de Trajan.

XIV.

Je m'étais bercé de l'idée de voir revivre autour de moi les souvenirs de Rome, il me semblait que j'allais assister aux harangues de Cicéron, entendre les bruits du Forum, voir se dresser quelques sénateurs drapés dans leurs toges, retrouver mes anciens Romains du collége et, l'imagination aidant, vivre au milieu d'eux pendant quelques jours.

Ma première visite, indiquée par le plan de ma promenade, fut pour le Capitole.

Après avoir traversé la place des Saints-Apôtres et une petite rue tortueuse, j'arrivai devant un bel escalier à larges marches, flanqué de deux rampes faciles pour les voitures.

Au sommet, élevé d'une vingtaine de mètres, je trouvai une jolie place carrée, dessinée, dit-on, par Michel-Ange, entourée de trois bâtiments modernes; celui du fond est l'ancien palais du Sénateur, rétabli en 1390, sur l'antique Tabularium.

Les deux autres datent du xviie siècle et renferment : celui de droite, le musée Capitolin, et celui de gauche, le musée des Conservateurs. Après avoir bien regardé, étudié le Guide et mon plan, je fus bien forcé de reconnaître que là, en ce lieu appelé maintenant le Campi-d'Oglio, littéralement le champ d'Huile, avait dû être le Capitole, mais je ne pus trouver rien de plus. Cependant, je vis un beau reste de l'antiquité : au milieu de la place, une magnifique statue équestre de Marc-Aurèle, en bronze autrefois doré, apportée en cet endroit en 1538. Elle s'élevait primitivement sur le Forum, près de l'arc de Septime-Sévère, d'où elle avait été transportée en 1187 sur la place du Latran.

Le devant de la place forme terrasse, une balustrade en pierres porte quelques belles sculptures, notamment deux chevaux domptés par des esclaves, les trophées de Marius, venant de la tour de l'Aqua-Julia, les statues de Constantin et de son fils Constant, trouvées dans les thermes du Quirinal.

Un peu plus haut, à gauche, est la jolie église de Santa-Maria, Ara Cœli, bâtie sur l'emplacement d'un temple de Junon Moneta.

La roche Tarpéïenne est près du Capitole, disait-on autrefois, je l'ai cherchée cette pauvre roche, et n'y ai rien vu qui attirât l'attention Soit que le précipice ait été comblé par la main des hommes, par les détritus des arbres et des plantes, ou par l'effet du temps, le condamné qu'on y précipiterait ne serait pas bien malheureux et n'aurait guère de danger à courir.

Non loin du Capitole, se trouve le Forum de Trajan : un vaste espace, parsemé de colonnes brisées de toutes provenances; les fûts encore debout, indiquent la disposition primitive des bâtiments qui couvraient ce lieu. On se rend compte de ces immenses réunions populaires, où les tribuns faisaient entendre leurs voix souvent éloquentes, enlevaient les applaudissements de la foule et décidaient du sort de l'Empire.

Là sont les débris du temple de Saturne, dont huit colonnes unies sont encore debout; trois colonnes cannelées du temple de Vespasien, dont les chapiteaux seuls ont souffert, et deux colonnes d'angle, du temple de Castor, du plus bel effet.

Les marchands d'antiquités les ont fait reproduire en bronze et en marbre, on les voit partout, et partout on admire leurs formes élégantes, gracieuses, sveltes et élancées. Ce sont des modèles que les imitateurs de nos jours ne parviennent pas à reproduire avec la même perfection.

Là encore se trouvent l'arc-de-triomphe de Septime-Sévère, avec de beaux bas-reliefs ; la colonne de Phocas, et à l'entrée du Forum, la colonne Trajane, la plus belle et la plus parfaite de Rome. Les contours formés par la spirale sont moins obliques que ceux de la colonne de Marc-Aurèle, ce qui permet d'en mieux voir et apprécier les détails. Mais si vous cherchez l'empereur pour lequel elle a été dressée, votre bon sens, votre raison, sont choqués de rencontrer l'image de saint Pierre couronnant le monument dressé en souvenir des victoires du César romain.

Tous ces splendides restes sont de quelques mètres au-dessous de la voie publique qui les entoure. Lorsque je les vis, quelques gamins jouaient aux billes dans le Forum, et les colonnes servaient à étendre le linge de blanchisseuses du voisinage. Il faut, je vous assure, une imagination vigoureuse pour se figurer la pourpre des Césars, la toge des sénateurs et la tribune populaire, au milieu de ce mépris du passé.

En suivant la rue Alexandrine, je vis sur le côté six magnifiques colonnes cannelées, à chapiteaux corinthiens, reste d'un temple de Faustine, et un grand mur englobé dans des constructions modernes; on m'assura qu'il datait des Romains, je le veux bien.

Un peu plus loin, nous arrivâmes à la basilique de Constantin : ici tout s'agrandit ; on est vraiment au milieu des restes de l'antiquité, ils ne sont plus déshonorés par un entourage de maisons sordides, comme le Forum de Trajan.

Il ne reste de cette basilique que le fond de ses trois nefs, mais quelles formes puissantes! que d'espace! que d'élévation!

Près de là et plus anciens sont les restes d'un temple de Vénus, de Roma; à droite, l'arc de Constantin, et à gauche, le Colysée.

L'arc-de-triomphe à trois portes, dans un très bon état de conservation, est orné sur toutes les faces de très beaux bas-reliefs, dont quelques-uns ont été rapportés d'un autre arc-de-triomphe, dressé plusieurs siècles auparavant.

Le Colysée est le plus grand théâtre de ce genre ; il pouvait, dit-on, contenir 87,000 spectateurs.

Appelé tour à tour l'amphithéâtre Flavien, lorsque Titus le fit achever dans le Ier siècle de l'ère nouvelle, puis, le Cirque, il reçut enfin le nom de Colosseum, tiré du voisinage de la statue colossale en bronze doré, haute de 35 mètres, que Néron se fit élever comme dieu du soleil, entouré de ses rayons.

Un monceau de briques est montré aux curieux comme ayant été la base du piédestal de cette statue.

Ce lieu de plaisir fut inauguré par des fêtes qui durèrent 100 jours ; 5,000 bêtes féroces y perdirent la vie. Dieu sait combien de victimes humaines les suivirent sur le même terrain !

Ici, du moins, les souvenirs sont éveillés ; on voit encore la place occupée par les empereurs, la loge des Vestales, les caveaux des condamnés, ceux des bêtes féroces. On frémit en pensant au nombre des malheureux sacrifiés en ce lieu, et ces récréations étaient données au peuple roi, par les maîtres du monde, par des souverains dont la plupart vivaient dans la débauche et l'orgie, par des hommes plus cruels et plus féroces que les animaux destinés aux arènes.

Laissons un voile sur ce passé odieux, et rions d'un anachronisme bizarre : le gouvernement papal a établi dans les arènes un Chemin de la Croix ! Douze petites stations sont placées au pourtour, un autel est à l'extrémité.

L'ancien théâtre romain est transformé en lieu de piété. Cependant, il faut rendre justice au gouvernement papal, il a fait quelques bons travaux de consolidation, dans le but de conserver intacte une partie de cette œuvre de l'antiquité

Près de là sont encore le temple de Vesta et celui de la Fortune, n'ayant d'autre mérite que leur ancienneté.

L'arc de Marc-Aurèle est près du palais de César, ou plutôt de l'emplacement qu'il occupait, car ce qui en reste ne donne aucune indication sur ce qu'il était; la terre recouvre les ruines, et des vaches broutent tranquillement l'herbe poussée aux lieux où s'élevaient tant de splendeurs.

On m'a bien montré encore quelques vieux murs contemporains des premiers siècles de l'ère nouvelle: la basilique Giulia, le Forum Romanum, quelques débris ayant servi de matériaux à la construction d'églises, mais je ne puis, je l'avoue, me prosterner devant ces restes informes, qui ne parlent ni au cœur ni à la raison. Je vois bien sur la terre des briques, des monticules, mais datent-ils d'un siècle ou de vingt, personne n'en sait rien. La belle statue, élevée au Capitole en l'honneur de Marc-Aurèle, a passé pendant longtemps pour représenter Constantin.

La magnifique statue du belvédère, donnée aujourd'hui comme un Mercure, a été longtemps prise pour un Antinoüs. Admirons donc ce qui est beau et ne nous arrêtons pas à des restes imposants seulement pour les antiquaires et les archéologues, jaloux d'y reconnaître ce que d'autres n'ont pas aperçu.

C'est ainsi que nous passerons sur le Forum de Nerva, celui de César et d'autres.

Le Forum Romanum sert de marché aux bestiaux, aussi l'édilité papale a-t-elle trouvé tout simple de remplacer ce nom riche de tant de souvenirs par celui de Campo-Vaccino, littéralement, Champ des Vaches. C'est assez bien trouvé pour marquer le respect et le culte du passé.

La Voie sacrée, autrement dit la Voie triomphale, longeait le Forum Romanum ; elle traversait cet immense champ, parsemé de colonnes, d'arcs-de-triomphe, de temples, et, plus tard, de basiliques. C'était là que les empereurs, les consuls ou les généraux vainqueurs recevaient les honneurs du triomphe et traînaient à leur suite les vaincus. La chaussée existe encore, c'est la même; le paysan romain foule aux pieds de ses vaches le pavé ennobli par les pas des vainqueurs du monde.

Evidemment, ce vaste champ de souvenirs n'était pas la ville proprement dite, au moins la ville du peuple, c'était la cité de la gloire, le Panthéon public des chefs de l'Empire, l'histoire romaine écrite en monuments impérissables, autant que peuvent l'être les choses de ce monde.

XV.

Que de tristes réflexions inspirent les promenades dans Rome, si l'on pouvait douter de la fragilité des choses humaines, nul endroit ne serait plus propre à la constater.

Saint-Pierre est bâti sur les ruines d'un cirque de Néron.

Le palais du Sénateur a remplacé le Capitole.

Saint-Paul-hors-des-Murs est à la place de la vieille Basilique, détruite par un incendie.

A chaque instant on se heurte contre un débris de l'antiquité; les églises en sont remplies. La plupart de leurs colonnes ont soutenu les temples du paganisme, les dieux nouveaux ont pris la place des anciens, une église s'appelle bravement Santa-Maria-sopra-Minerva, Sainte-Marie-sur-Minerve, c'est-à-dire construite sur l'emplacement et avec les matériaux d'un temple de Minerve.

La coupole des thermes d'Agrippa devient le Panthéon, puis, au moyen d'un portique, on en fait une église. La bibliothèque des Thermes, de Caracalla, est transformée en transept des Saints-Anges.

Les obélisques, tous de marbre rouge ou de granit, amenés à grands frais d'Egypte, sont renversés, enfouis après les désastres de Rome, puis, relevés, déplacés, transportés, suivant le bon plaisir des papes ou des architectes.

Le monolithe de la place du Vatican, venu d'Héliopolis, par les ordres de Caligula, haut de 72 pieds et de 126 jusqu'au bout de la croix, avait été placé devant le cirque de Néron ; il fut apporté à la place de Saint-Pierre, le 10 septembre 1586.

Le grand obélisque de Saint-Jean-de-Latran, haut de 99 pieds, sans la base et le piédestal, était placé au Circus Maximus ; on le retrouva en 1587 à vingt pieds sous terre.

Les obélisques de Sainte-Marie-Majeure et du Monte-Cavallo ornaient le mausolée d'Auguste, ils restèrent pendant plusieurs siècles brisés et couchés dans la poussière ; Sixte-Quint les fit relever, en 1537, par l'architecte Fontana et placer où ils sont aujourd'hui.

Le grand obélisque de la place du Peuple, haut de 74 pieds et de 112 en y comprenant la croix et le piédestal, paraît dater, si l'on en croit les traductions des hiéroglyphes qu'il porte, de 1500 ans avant l'ère chrétienne.

Il en est de même de tous les autres : ceux de la Trinité-du-Mont, du Monte-Citorio, du Panthéon, de Santa-Maria-Sopra-Minerva, de la place Navone, du Pincio, ont subi les mêmes vicissitudes.

Si l'on en croit un auteur ancien, V. Publius, Rome contenait une foule de rues bien bâties, larges et droites.

Auguste disait qu'il avait reçu une ville de pierre et qu'il laissait une ville de marbre ! Que sont devenues toutes ces magnificences ? Rome est aujourd'hui une ville laide, sale, à rues étroites, tortueuses, fétides ; le niveau du temps a passé sur elle et tout a disparu.

Cependant, il lui reste encore des moyens d'aération. Elle a des places nombreuses, au nombre de 148, plus ou moins vastes, et une cinquantaine de fontaines monumentales, sans en compter une multitude de petites, moins belles, sans doute, mais aussi profitables que les grandes.

Toute cette eau n'est pas utilisée, les rues ne sont pas lavées; les anciens dépensaient des sommes immenses pour amener à Rome le produit des sources éloignées, les modernes ont laissé tomber en ruines la plupart des aqueducs, et l'eau abondante, potable et saine, qui leur arrive, n'est pas employée.

Quelques-unes de ces fontaines méritent d'être citées au point de vue architectural.

Celle de Trévi est la plus considérable par son étendue et le nombre de ses statues, elle a quelque analogie avec la pièce d'eau de Neptune, à Versailles; c'est également ce Dieu qui préside à Rome à la distribution des eaux. Cette fontaine serait d'un bel effet si elle était située sur une vaste place, mais une simple rue sépare son bassin des maisons voisines.

La fontaine de l'Acqua-Felice, avec ses trois voûtes bien ordonnées, la fontaine Pauline, appuyée sur des colonnes de granit du temple de Nerva, doivent être vues.

La grande fontaine de la place Navonne étonne au premier aspect; on a construit au milieu de la place un grand rocher à jour dont l'eau s'échappe, et sur le rocher on a placé un obélisque trouvé dans le cirque de Romulus.

L'ensemble est d'assez mauvais goût; deux autres fontaines sont aux extrémités de la place, ornées de tritons, elles sont supérieures à celle du centre.

XVI.

Je vous parlais hier du culte de la divinité, aujourd'hui, je vais vous parler du culte des morts, il est encore plus négligé que le premier.

Voici comment les choses se passent ici. Lorsqu'un décès arrive, on prévient à la paroisse, on arrête l'ordre et le prix des cérémonies; le clergé plus ou moins nombreux, suivant la fortune et la position du défunt, va chercher le corps au domicile mortuaire, l'emporte à l'église, et tout est fini, on ne s'en occupe plus.

Une sorte de procession, composée de quelques ecclésiastiques, de capucins, de moines de toutes couleurs, accompagne le corps, porté à bras, et le lendemain, le même cortége le conduit au Campo-Santo, ou cimetière.

On ne voit à ce couvoi ni amis, ni parents, le corps part tout seul, sans que personne l'accompagne, on semble avoir hâte d'en être débarrassé.

Il y a sous cette froideur une idée religieuse, l'âme qui animait ce corps, le souffle divin qui lui donnait la vie, s'étant retiré de lui, il ne reste que la matière, la dépouille terrestre qui doit retourner à la terre. Ce corps, séparé de l'âme, n'est plus rien qu'une enveloppe inutile, dangereuse, malfaisante, qu'il faut éloigner au plus vite.

Ce raisonnement, logique peut-être, est trop fort pour ma philosophie; je ne puis admettre que ce corps, qui était la représentation, la personne d'un être chéri, soit abandonné ainsi aussitôt que la vie l'a quitté. Sans doute, ce cadavre ne peut être conservé, il faut s'en séparer, mais le laisser partir sans lui donner un dernier regard, sans l'accompagner jusqu'au dernier moment, me semble un acte blâmable d'indifférence. Autrefois, en France, il était d'usage que la famille, ou tout au moins les plus intimes amis, restassent près de la tombe jusqu'à ce que la terre eût recouvert le cercueil. Quelle différence avec ce qui se passe ici !

J'aime, je l'avoue, le respect pour les morts, je suis ému lorsque je vois les passants se découvrir au passage d'un convoi, et personne n'y manque. Rien n'est plus touchant, suivant moi, que ce dernier adieu donné par la multitude à un frère inconnu, qui a éprouvé les douleurs de la mort, et dont le corps va se dissoudre pour ne jamais reparaître.

XVII.

Rien ne se fait à Rome comme ailleurs; l'heure même n'a pas échappé à cette règle; un indigène m'invitait à dîner et me disait soyez exact pour une heure.

Je m'étonnai de cette heure insolite, et lui demandai par quel hasard il dînait au milieu du jour, au moment où les galeries étaient ouvertes, où le temps des étrangers était employé; mais, me dit-il, c'est à l'heure romaine; je ne comprenais pas davantage. Cependant, après explication plus complète, je me rappelai qu'autrefois les juifs faisaient partir la première heure du commencement du jour, et que, plus tard, les Romains les imitant, divisérent les journées en quatre parties appelées veilles, commençant, la première, au lever du soleil, nommée prime, la seconde, trois heures après, tierce; la troisième, à midi, sexte; la quatrième, à trois heures, none: mais cette division n'étant applicable qu'au jour, était souvent inexacte ; le soleil restant plus ou moins de douze heures sur l'horizon.

Les Romains inventèrent la division par vingt-quatre heures, allant de minuit à minuit, mais le clergé conserva ce qu'on a appelé les heures canoniales et les a fait partir de l'*Angelus*. Cette prière se disant en été, à six heures, la première heure est la septième de l'horaire ordinaire. Si l'*Angelus* ne se dit qu'à sept heures, la première est ce que nous appelons la huitième.

Dans le langage commun, l'heure se compte comme en France, comme presque partout ; mais l'église et les gens qui l'approchent comptent comme autrefois, et si quelqu'un, à Rome, vous donne un rendez-vous, ayez soin de demander si c'est à l'heure romaine ou à l'heure de tout le monde.

XVIII.

En venant de Florence à Rome, le train s'arrête à Foligno, puis à Terni. Ici commencent les terres pontificales ; il faut remettre les passeports à un agent de police, qui en donne un reçu ; on ne les rend qu'à l'arrivée à Rome, si, après avoir été vus, examinés, enregistrés, ils ont été trouvés bien en règle.

Si l'on veut demeurer plus d'une semaine, on doit se faire délivrer un permis de séjour.

Pour partir, les formalités sont les mêmes, les passeports doivent être visés, un commissaire de police siége au chemin de fer et ne laisse entrer dans les salles d'attente que les voyageurs dont les passeports visés lui ont été remis, un homme de la police les rend à chacun à la sortie du territoire pontifical.

Si les entrées et sorties sont exactement constatées, si la police prend un soin aussi extrême du mouvement des voyageurs sur les routes papales, il n'en est pas de même de leur sécurité et des facilités qu'on devrait leur procurer. A la gare, le guichet où on délivre les billets n'est protégé ni par un homme du chemin de fer, ni par la police, ni même par ces petites rampes que l'on établit partout pour former des files et empêcher que les plus forts ou les plus hardis n'arrivent les premiers en bousculant tous ceux qui les précèdent. Dès le lundi de Pâques, les étrangers partent en masse, nous voulûmes quitter Rome le mardi; une heure avant le départ du convoi, plus de 500 personnes assiégeaient le bureau, tout simplement ouvert sur la rue. Une cohue abominable flottait tantôt à droite, tantôt à gauche, et lorsqu'on se croyait prêt à prendre son billet, on se trouvait emporté à quelques mètres plus loin. La police ne manquait pourtant pas : trois gendarmes étaient occupés dans le cabinet du commissaire à prendre les passeports, cinq autres étaient dans la rue à regarder la foule, dont ils ne se préoccupaient pas, si ce n'est pour en rire, car ce spectacle paraissait les amuser beaucoup.

Les bâtiments de cette gare sont, d'ailleurs, fort curieux : ce sont de grandes cabanes en planches, établies à l'ouverture du chemin de fer; il paraît qu'on s'en est beaucoup moqué, l'administration s'en est émue et a fait écrire sur les planches, en lettres d'enseigne : « Gare provisoire. » Mais ce provisoire ne cesse pas, et le public reste dans la rue.

La surveillance de police paraît très active dans l'intérieur de la ville : au coin de chaque rue donnant dans le Corso, on voit quatre ou cinq gendarmes, et si l'on veut passer par les rues latérales, on tombe à chaque instant au milieu de piquets de cinq hommes arrêtés au repos, l'arme au pied, jusqu'à ce qu'on les mène faire une nouvelle station un peu plus loin.

La légion d'Antibes était sur les dents, les soldats montaient une garde tous les trois jours; et dans l'intervalle, avaient plusieurs piquets de quatre heures chacun.

Je doute qu'un pouvoir obligé à s'entourer de pareilles précautions soit viable et puisse se maintenir longtemps.

Tout cela n'empêche pas que le brigandage soit très commun dans les environs de Rome, on n'ose pas s'éloigner des gares du chemin de fer, mais ces gens-là ne parlent pas politique, la force publique s'en occupe peu.

XIX.

La composition de l'armée papale est la plus hétérogène que l'on puisse trouver : Suisses, Allemands, zouaves de tous les pays, légion d'Antibes composée de Français, garde palatine, italienne, puis quelques corps spéciaux.

En arrivant au Vatican, j'ai cru avoir une hallucination, il me semblait voir les Suisses de Gounod entamant le chœur : « Gloire éternelle de nos aïeux! » C'était une erreur; ces hommes bariolés que j'avais sous les yeux n'étaient autres que les Suisses de la garde du pape. Voyez le costume : juste aucorps et haut-de-chausse bouffant, composés de bandes noires, rouges et jaunes, bas pareils, souliers couverts de grandes bouffettes, collerette en fraise tuyautée à plis ronds, casque à la façon des soldats de la ligne, relevé en pointe derrière et devant, avec une aigrette rouge tombant. Armement : une longue épée et une hallebarde. Les jours de fête, on ajoute à ce costume une cuirasse des anciens temps, et l'aigrette est blanche.

Les caporaux et sergents ont pour insignes distinctifs une canne au lieu de hallebarde.

Les officiers sont élégamment vêtus de pourpoint en velours, le haut-de-chausse et les bas de soie sont noirs ; ils portent une cote de maille jaune, et, les jours de fêtes, une cuirasse damasquinée ou niellée, d'un fort bel effet.

Tous ces braves garçons seraient fort embarrassés s'ils devaient aller en guerre avec un pareil accoutrement.

Les zouaves portent un costume gris taillé sur le modèle de leurs homonymes français, et pour coiffure un fez pareil à l'uniforme, remplacé pour la grande tenue par un petit colback bas et étroit, orné de guirlandes d'or pour les officiers et de laine pour les soldats.

Ce corps se sent de son origine ; on y voit les types les plus divers : le blond du nord à côté du brun du midi ; ces jeunes gens dévoués n'arrivent pas facilement à se donner un air militaire ; leur tenue s'éloigne trop de la sévérité de l'uniforme. Ainsi, l'un aura des bottes vernies, l'autre des gants paille, celui-ci une chaîne d'or pour soutenir sa montre, celui-là des bagues ; on sent que ce sont des soldats de fantaisie, braves sans doute et déterminés ; ils n'auront jamais la solidité de l'armée.

LA LÉGION D'ANTIBES.

J'entrais au Vatican, lorsque tout-à-coup j'entends des clairons sonnant l'air si connu de « la Casquette au père Bugeaud. » Persuadé qu'il n'y a plus de soldats français à Rome, je me retourne et vois avec surprise notre uniforme ; j'approche et j'entends commander en français. Je ne pouvais en croire mes yeux ; mais, avec plus d'attention, je reconnus que ces soldats portaient la cocarde du pape : c'était la Légion d'Antibes.

Le pape est entouré de la garde palatine ; les soldats de ce corps portent des épaulettes de capitaine ; l'uniforme est calqué sur celui des gardes-du-corps de Charles X, à la différence de la couleur, qui est verte et or, au lieu d'être bleue et argent.

Le grade de capitaine est l'objet de beaucoup de jalousie ; la question des saluts soulève à chaque instant des difficultés, qui ne se terminent pas toujours pacifiquement.

Le ministre des armes espère, dit-on, porter le personnel de cette petite armée à 26 ou 28,000 hommes. Qu'en fera-t-il ? S'il entend l'employer contre les sujets du pape pour maintenir son autorité, c'est une triste ressource ; s'il veut en faire une barrière contre des voisins puissants, c'est une peine inutile. Jamais il ne parviendra à constituer une défense suffisante pour arrêter la marche d'une armée. Le pouvoir temporel du pape ne peut être maintenu que par des secours étrangers. et alors quelle est l'importance de la petite troupe papale ? les dépenses qu'elle occasionne sont au-delà des ressources de l'Etat. On peut dire avec certitude que cette armée, créée pour le défendre, en accélère la ruine. Lors de la dernière échauffourée garibaldienne, elle n'a pu empêcher l'ennemi d'arriver aux portes de Rome. Les Garibaldiens avaient réuni le gros de leurs forces à Monte-Rotondo ; ils ont poussé des reconnaissances jusqu'à Saint-Paul, hors des murs, à 2 ou 3 kilomètres de la ville. L'opinion générale, surtout parmi les officiers français, est que Garibaldi serait entré à Rome, s'il l'avait voulu, s'il n'avait pas perdu deux ou trois jours à Monte-Rotondo.

Cette opinion paraît bien fondée. Mais

est-on dans le vrai en reprochant cette faute militaire à un chef hardi, entreprenant, peu habitué à procéder avec lenteur et indécision. Garibaldi n'avait-il pas un tout autre motif d'attendre? Ne voulait-il pas savoir quel rôle prendrait l'armée française, et ne voulait-il pas, à tout prix, éviter une collision avec elle? Il savait bien que si la France ne se mêlait pas de la partie, Rome serait à lui quand il le voudrait. A quoi lui eût servi de s'en emparer tout de suite, à engager une lutte dans laquelle il aurait nécessairement succombé, soit qu'il fût dans Rome, soit qu'il fût au dehors. Aussi, lorsqu'il apprit la marche et l'arrivée de l'armée française, donna-t il l'ordre de la retraite. Il abandonnait son entreprise, il se montrait alors plus politique que soldat, et d'après son caractère connu, on peut penser ce que cette décision lui coûtait. L'armée papale, se sentant soutenue par l'armée française, alla attaquer Monte-Rotondo avant que les Garibaldiens eussent opéré le départ qu'ils préparaient, et le combat s'engagea.

Les partisans du gouvernement romain ont chanté, sur tous les tons, la victoire remportée par ses soldats, quand la vérité est qu'elle n'est due qu'à l'intervention française.

Suivant un écrit publié avec l'autorisation du gouvernement papal, par le chevalier Théodore Falzillo, les soldats papalins étaient partout. « Les bandes ne pouvaient « pas occuper avec sécurité un pouce de « terrain, car les évolutions militaires des « pontificaux étaient faites avec une telle « promptitude, que partout où elles pas- « saient la frontière (les bandes), elles « trouvaient devant elles une poignée de « braves qui les repoussaient en leur « faisant subir de nombreuses pertes. Par- « tout où les chemises rouges apparais- « saient, elles étaient attaquées, battues et « mises en fuite. »

Malgré tout cela, elles étaient aux portes de Rome ! Toutes les exagérations n'empêchent pas la vérité de se faire jour. Le même écrivain dit plus loin, à propos du combat de Montana :

« La lutte durait avec acharnement de-
« puis déjà quatre heures, quand le géné-
« ral Kanzler invita le général de Polhès à
« appuyer les deux ailes de l'armée ponti-
« ficale.

« Les Français, frémissant d'ardeur, et
« qui jusqu'à ce moment avaient assisté
« *passivement* aux progrès glorieux de l'ar-
« mée pontificale, s'élancèrent en avant
« et tombèrent sur les colonnes ennemies,
« comme des vautours sur leur proie. »

Si l'on en croit des témoins oculaires, ce n'est pas encore la vérité vraie ; les corps français n'auraient pas assisté passivement à la lutte ; mais, au contraire, aussitôt arrivés sur le terrain, ils auraient pris une part active à l'action et l'auraient décidée. Quant à la comparaison de *vautours tombant sur leur proie*, je ne sais si elle flatte les Français, mais leur générosité bien connue sur les champs de bataille ne paraît guère la justifier.

Cependant, l'écrivain, voulant glorifier l'armée papale, a écrit ceci :

« Autrefois, on faisait peu de compte
« d'un soldat du pape; mais aujourd'hui
« ce nom là dans le monde militaire, si-
« gnifie : héros invincible ! »

XX.

Avant d'aller en Italie, je m'étais dit bien des fois : vraiment, ces Italiens sont bien exigeants, ils veulent avoir Rome pour capitale, sans se préoccuper des droits du gouvernement papal ; pourtant, la maison du voisin peut être à ma convenance, mais ce n'est pas une raison pour que j'aie le droit de m'en emparer. Si encore le peuple romain les appelait, ils pourraient s'appuyer sur sa volonté, mais personne ne bouge et ne dit mot.

Maintenant, j'ai vu le pays, étudié sa configuration, et je suis bien convaincu que l'unité ne sera faite que lorsque l'Italie possèdera Rome; ce n'est pas pour elle un caprice, une fantaisie, c'est une nécessité.

On a fait valoir comme raison capitale

les souvenirs de Rome, son importance dans l'histoire, le siége de la papauté, et l'on a dit avec raison, chaque capitale des anciens Etats ne veut pas s'incliner devant une ville, quelquefois moins importante qu'elle. Ainsi, Naples est jalouse de Florence, Milan n'accepterait pas Turin, tout le monde, au contraire, baisserait pavillon devant Rome. Mais il est une raison bien plus sérieuse encore que tous ces amours-propre locaux, dont on viendrait à bout, c'est la position topographique. Rome est au milieu de l'Italie, son territoire s'étend jusqu'à la Méditerranée, tous les chemins de fer, toutes les routes y aboutissent. Si un mouvement sérieux éclatait dans l'ancien royaume de Naples, le cabinet de Florence ne pourrait y envoyer de troupes qu'en les dirigeant par Bologne et Ancône, encore resterait-il une route assez longue à faire à pied pour aller du chemin de fer à Naples. C'est un circuit très long, très coûteux, et présentant même certains dangers, puisqu'on laisserait derrière soi un ennemi toujours disposé à nuire. Enfin, une autre raison appuie encore le vœu de l'Italie, la répression du brigandage est presque impossible dans tout le voisinage de la frontière romaine. Le gouvernement italien a cherché maintes fois à s'entendre avec le gouvernement du pape pour arriver à ce but; on lui a répondu par mille promesses, mais jamais on ne s'en est occupé. Les bandes, poursuivies avec énergie, se retirent sur le territoire romain, où il n'est pas possible de les suivre et où elles ne sont pas inquiétées.

Comment, en effet, pourrait-on croire à la sincérité du gouvernement papal? Le brigandage est un moyen de désaffection pour les populations qui en souffrent, à l'égard du gouvernement italien; les quelques journaux bourbonniens du pays napolitain répètent tous les jours la demande de sécurité nécessaire à la vie des citoyens, et la sécurité ne vient pas, parce que les bandes ne peuvent être atteintes et détruites.

Reste l'objection, sérieuse en apparence, de l'indifférence du peuple romain, mais il est facile de reconnaître que cette indifférence est le résultat d'une pression excessive et de l'absence de toute liberté. Pour en être convaincu, il suffit de voir les précautions sans nombre prises à Rome.

Les Romains, comprimés, détestent l'intervention française : ils ont trouvé un moyen de le manifester et de se venger. Il semble qu'un mot d'ordre ait été donné, il est fidèlement exécuté. C'est une vengeance sourde, secrète, à la façon des peuples qui ne peuvent exprimer leur pensée ; ils n'achètent plus chez les marchands français établis à Rome! La maîtresse d'un magasin dans lequel j'achetais quelques menus objets me disait qu'avant la dernière arrivée de nos troupes, elle occupait journellement plus de vingt ouvrières, mais que depuis ce moment, elle n'avait pu en conserver une seule ; elle pleurait et disait que si elle pouvait vendre ses marchandises en bloc et rentrer en France, elle serait bien heureuse.

Un autre me disait que souvent les Français établis à Rome étaient en butte à des injures de la populace.

Ces faits sont graves, ils prouvent que toutes les classes de la population se réunissent dans la même pensée ; chacune l'exprime à sa façon.

Il n'est pas toujours possible de sonder les profondeurs mystérieuses de la politique, mais en voyant les actes de notre gouvernement, sa protection prodiguée au régime impossible en honneur à Rome, quand ses ambassadeurs lui ont dit et répété qu'il n'y avait rien à espérer de ces gens-là, que le *non possumus* lui serait toujours opposé ; quand il doit être informé que Rome est le centre de la propagande légitimiste, on se demande si ses expéditions ont bien eu pour but de protéger le pouvoir temporel et si une autre pensée ne le faisait pas agir. On avait rêvé en France une confédération italienne, on aurait voulu que chaque Etat conservât son autonomie; les événements ont marché dans un sens contraire, l'unité s'est faite malgré la France.

Le gouvernement français doit être pénétré de l'idée que sans Rome l'unité ne se consolidera pas. En paraissant défendre le gouvernement papal, ne défend-il pas plutôt son idée de confédération, et n'agit-il pas dans la vue principale d'empêcher l'Italie de trouver sa capitale?

Une remarque permet cette supposition : les journaux officieux français ont sans cesse, depuis la proclamation de l'unité, cherché à soulever l'opinion française contre l'Italie, ils ont soutenu à tous propos que les Italiens prétendaient avoir seuls vaincu l'Autriche et ne tenaient aucun compte des sacrifices faits par la France pour les aider à repousser l'oppression qu'ils détestaient.

J'ignore si quelque exalté a tenu un pareil langage, si jamais personne a pu croire que les Italiens auraient gagné seuls les batailles de Magenta et de Solférino, mais pendant plusieurs mois que j'ai passés en Italie, je n'ai entendu dire ni lu dans aucun de leurs journaux rien qui pût justifier cette accusation.

Des monuments publics portent, au contraire, le témoignage opposé, et une inscription, placée sur l'arc-de-triomphe de Milan, constate que l'empereur Napoléon III et le roi Victor-Emmanuel, libérateurs de l'Italie, ont, etc., etc.

Un fort beau tableau, représentant le combat de Palestro, soutenu par l'armée italienne, avec le concours du 4ᵉ régiment de zouaves français, met nos soldats aux places d'honneur ; on y voit un seul Italien, c'est le roi, qui, en effet, y était.

J'ai vu le champ de bataille de Magenta avec deux Italiens du voisinage, témoins de cette victoire, je crois même qu'ils y étaient un peu acteurs, ils m'en racontaient les péripéties avec un enthousiasme difficile à dépeindre ; les zouaves et la garde étaient surtout l'objet de leur admiration.

Je pourrais citer une foule d'exemples semblables, d'images populaires, où le concours des Français est toujours exalté. Pourquoi donc quelques journaux ont-ils souvent dit une chose plus ou moins exacte ? Ne voulaient-ils pas entraîner l'opinion publique dans un sens opposé à l'Italie, et en lui reprochant son ingratitude, ne donnaient-ils pas un argument contre l'unité et la crainte d'un danger, si une puissance considérable se formait à nos frontières.

Le *far da se* est une belle formule, énergique, patriotique, mais elle n'a jamais empêché l'Italie de demander et d'accepter le concours de la France, c'était raisonnable. La petite armée piémontaise pouvait-elle à elle seule lutter contre les forces réunies de l'Autriche ? Quels que soient le courage, la valeur et le dévoûment, la victoire reste toujours aux gros bataillons, et marchant de succès en succès, Victor-Emmanuel aurait pu dire comme Charles XII : « Encore une victoire et je suis perdu. »

XXI.

La Renaissance italienne date du commencement du xv® siècle, le pontificat de Martin V lui fut favorable; ce pape, ami des arts, appela les artistes autour de lui, et prépara les règnes glorieux de Jules II, Paul III, Léon X et Sixte-Quint.

Pendant près de deux siècles, les arts furent en honneur à Rome, en même temps qu'ils florissaient à Florence, sous l'influence des Médicis, et dans le reste de l'Italie. Aussi que de génies parurent à cette époque: Michel-Ange, Raphaël, Jules Romain, le Bramante, San-Gallo, Peruzzi, Vignole, Pirro Ligorio, Della-Porta, les deux Fontana, Carlo Maderno et tant d'autres.

Chaque puissant du jour voulut avoir sa demeure princière édifiée suivant le goût du moment. On vit s'élever les palais Giraud, Ossali, Costa, Farnèse, Vatican, cours du Belvédère et Saint-Damazo; Massimi,

Farnésine, des Conservateurs, la villa du pape Giulio, les palais Sachetti, Négroni, Quirinal, Marescotti, Chigi, Borghèse, Colonna, Rospigliosi, Giustiniani et d'autres moins importants.

Ce n'était pas assez d'avoir de beaux palais, il fallait les orner, les décorer de sculptures, de peintures; de là ces magnifiques galeries créées à grands frais, d'abord avec les tableaux des maîtres italiens, puis avec les œuvres de tous les artistes en renom; aussi voit-on Poussin, Claude Lorrain, les Breughel, Van-Dyck, Rubens, Teniers, briller à côté des Titien, des Tintoret, des Paul Véronèse et des célébrités de toutes les écoles d'Italie.

Quelques-unes des anciennes galeries ont été détruites, d'autres amoindries; leurs richesses ont été orner des musées, mais ce qui en reste suffit encore pour attirer les amateurs et faire apprécier le goût de leurs heureux propriétaires; plusieurs contiennent, d'ailleurs, des œuvres capitales bien suffisantes pour provoquer l'admiration. Je ne vous parlerai que de quelques-unes, vous apprécierez,

Ne soyez pas surpris, si parfois j'ose critiquer quelque nom bien connu, je ne juge pas, je vous rends compte de mes impressions; un tableau me semble devoir satisfaire l'œil et la raison ; s'il me plaît, je le loue. J'apprécie une peinture comme une pièce de théâtre; si elle m'émeut, si elle arrive bien au dénoûment, j'applaudis sans examiner si elle est conforme aux règles d'Aristote.

Des littérateurs, des peintres, ne s'attachent qu'aux peintures fortes, viriles, comme ils disent; pour les autres, mièvre est le mot consacré, c'est mou, flasque, mièvre ; une peinture travaillée est léchée et rejetée en arrière.

J'avoue que je ne puis me rendre à cette manière d'apprécier ; sans doute le musculaire a du beau, il doit rester dans les écoles comme modèle à étudier, mais l'artiste indépendant peut suivre son inspiration ; pour moi, les Caravage, Salvator

Rosa, Michel-Ange, Ribera, sont de très bons peintres, mais je leur préfère Raphaël, Titien, le Guide, l'Albane et les Vierges inspirées de Murillo.

Le palais Rospigliosi nous offre un exemple à citer : il contient peut-être le chef-d'œuvre de Guido-Reni, l'Aurore, semant des fleurs devant le char du Soleil, entouré des Heures ; cette grande fresque où tant de figures se trouvent réunies dans une harmonie parfaite, est pleine de grâces et de charmes. J'admire aussi l'Annonciation du même maître, placée au Quirinal dans la petite chapelle de l'Annunziata ; il n'est pas possible de donner à la Vierge une expression plus pleine de douceur, de chasteté, d'étonnement, de résignation, c'est le type de l'idéal. Combien nos détracteurs de la peinture douce ont-ils fourni d'œuvres destinées à la postérité comme celle-ci ? Si encore, adoptant la ligne opposée, franchement, courageusement, ils avaient marché sur les traces des grands maîtres, les avaient imités, et devaient laisser après eux des modèles pour l'avenir, on les comprendrait, mais ces modèles je les cherche en vain.

Ce palais du Quirinal contient de magnifiques peintures, réunies par les papes qui l'ont habité jusqu'à la mort de Pie VII : une Cène de Baroccio, une madone du Corrége, un *Ecce homo* du Dominiquin, le Martyre de sainte Madeleine, par Annibal Carrache, une très belle Naissance de la Vierge, par Pierre de Cortone; une Sybille remarquable, par Garofolo, un Martyre de saint Etienne, de Caravage, et, près de lui sa copie en tapisserie des Gobelins ; on ne sait quel est le plus beau et le plus frais, de l'original ou de la copie.

De belles tapisseries de même origine, témoignent de la munificence de la France.

Grégoire XIII commença, vers 1575, la construction de ce vaste palais, qui a vu passer les grands de la terre et même ses grandeurs déchues : l'ex-roi de Naples l'habita en 1861, quoiqu'il possédât le palais Farnèse, l'un des plus splendides de Rome.

On montre l'appartement où Pie VII fut retenu prisonnier par les ordres de Napoléon Ier, et la chambre où il mourut.

XXII.

Le palais Borghèse, l'un des plus beaux de Rome, fut construit par Martino Longhi et Flaminio Ponzio, en 1590. Le pape Paul V le céda à la famille Borghèse. La cour est entourée d'arcades soutenues par des colonnes accouplées sous lesquelles on trouve de belles statues,

La galerie de peintures occupe tout le rez-de-chaussée, composé de douze à quatorze pièces richement décorées. Les tableaux sont en grand nombre et bien choisis; on y trouve d'excellentes œuvres des maîtres italiens, Léonard de Vinci, une très belle Sainte-Famille de Lorenzo di Credi, des Francia, des Garofalo. Une Mise au Tombeau, de Raphaël, se fait remarquer au milieu de portraits et de copies du même auteur. André del Sarte a fourni plusieurs tableaux, notamment une Madone avec des Anges. L'Albane est représenté par quatre œuvres remarquables, les Quatre Saisons; et le Dominiquin, par une Chasse de Diane. Une très gracieuse Danaé, du Corrége, arrête les regards.

Les peintres architectes ont aussi fourni leur contingent : Sasso-Ferrato, le chevalier d'Arpin, Baldassare Peruzzi.

La chambre N° 7 est garnie de verres peints à l'huile; des Amours, entourés de guirlandes de fleurs, sont les œuvres de Giroferi et de Mario di Fiori, surnom donné à l'artiste pour son talent à peindre les fleurs. Une magnifique table de mosaïque en pierres dures est au milieu.

Une foule d'autres peintres célèbres ont été admis dans ce sanctuaire, on y voit des œuvres de Bronzino, Sébastien del Piombo, Solario, Carlo-Dolce, les Caravage, les Carrache, Vanni, Paul Véronèse, le Bassan, Bellini, une superbe page du Titien : *l'Amour sacré et l'Amour profane.* Ce sujet a été souvent traité depuis, mais aucun n'est approché de l'œuvre du maître.

Une dernière salle mérite une attention particulière, elle ne contient que des tableaux de peintres étrangers à l'Italie, un Ribera, *le Christ dans les bras de saint Stanislas*, un magnifique portrait de Van Dyck; un Teniers et d'autres tableaux de Dürer, Holbein, Wouvermans, Potter, Backhuysen, Berghem, Lucas de Leyde, Cranach, etc., etc.

Le palais Corsini, rue Della Lungara, contient aussi une galerie très nombreuse, dans laquelle beaucoup de sujets médiocres laissent place à des toiles de premier ordre, notamment d'Elisabeth Sirani, morte à vingt-trois ans, alors que son nom se trouvait déjà placé parmi les célébrités de l'époque; de beaux paysages de Poussin et de Berghem, une très belle Madone de Carlo Dolce; deux Marines, de Peters; une vieille Femme, de Rembrandt; une Madone, de Murillo; des paysages de Claude Lorrain; un Ribera, un Vélasquez, des Titien, etc., etc.

C'est dans la chambre n° 5 que mourut, dit-on, Christine de Suède.

Elle contient un vase en argent connu sous le nom de vase Corsini ; c'est un excellent modèle de style et de ciselure.

Le palais Colonna, sans importance comme architecture, renferme des appartements richement ornés et une galerie de tableaux dont le nombre n'est pas très considérable, mais qui sont presque tous d'un vrai mérite. On y voit huit grands tableaux de Gaspard Poussin, peints à la détrempe; on peut en apprécier le dessin et la vigueur, quoiqu'ils soient couverts d'une teinte grise désagréable; un beau paysage, de Claude Lorrain ; deux tableaux un peu noirs, de Salvator Rosa et de Ribera ; dans la grande galerie de réception, plusieurs portraits en pied de Van Dyck, puis, des noms célèbres, tels que Pierre de Cortone, Luini, Titien, Girolamo, Tintoret, Bronzino, Paul Véronèse, l'Albane, Annibal Carrache, Holbein, Guido Reni, Giorgione, Palma-le-Vieux, et beaucoup d'autres.

Lors du siége de Rome par les Français, un boulet a pénétré dans cette riche galerie et a brisé une des marches en marbre de l'estrade qui la termine; le boulet et les éclats de marbre sont restés à la même place. Chacun interprète cette fantaisie de propriétaire à sa façon, faites de même.

Le palais Doria, vaste et splendide, est d'une architecture dont le mérite est fort contesté. La cour est entourée d'un beau portique; la façade, œuvre de la décadence, est garnie d'ornements contournés, cherchés: elle est cependant de Pierre de Cortone et du Bernin.

La galerie contient environ 800 tableaux répartis dans quinze salles, richement décorées. On y remarque des toiles excellentes, œuvres des peintres les plus renommés: Salvator Rosa, Caravage, L. Carrache, Rubens, L. Giordano, Poussin, Mieris, Quintin Metzis, Le Guerchin, Bellini, Holbein, Mantagna, Lippi, Titien, Murillo, Sassoferrato, Pierre de Cortone, Francia, Van Dyck, Garofalo, Teniers, Paul Véronèse, André del Sarte, Michel-Ange, Claude Lorrain, Dosso-Dossi, Hemling ; *les Quatre Eléments*, délicieuses toiles de Breughel, dit de Velours, et beaucoup d'autres qu'il serait trop long d'énumérer.

Le palais Farnèse, réputé le plus beau de l'architecture moderne, est un vaste bâtiment de forme quadrangulaire; les quatre faces sont uniformes, les ornements de l'intérieur comme de l'extérieur sont donnés comme des modèles de goût et de parfaite exécution.

Il est l'œuvre de San-Gallo, le premier architecte de l'époque. Cependant, lorsqu'après le second étage, il fut question du couronnement, le pape Paul III le mit au concours. Les peintres Pierino del Vago, Sébastien del Piombo, Vasari, Michel-Ange, envoyèrent des projets. Ce fut ce dernier qui l'emporta, et S. Gallo eut la douleur de ne pas finir son œuvre. Letaronelly, dans son excellent ouvrage sur les monuments de Rome, soutient que ce projet, appuyé du nom de Michel-Ange, est plutôt dû à Vignole, architecte modeste, plein de talent, admirateur de son maître, et plus fort que lui en architecture. Quoi qu'il en soit, Michel-Ange fut chargé de la suite des travaux et plaça l'admirable corniche réputée la plus belle de Rome.

Ce palais, propriété de l'ex-roi de Naples, qui l'habite, contient ou contenait une magnifique galerie de tableaux, mais on ne le visite plus.

Il faudrait encore vous décrire les belles fresques de Raphaël à la Farnésine, la galerie Barberini et plusieurs autres, mais dans ce pays des arts, on est tellement ébloui par les merveilles qui se rencontrent à chaque pas, que l'on finit par négliger des collections importantes pour revenir aux galeries que le monde entier connaît.

Voyons donc quelques musées.

Le Napolitain dit: voir Naples et puis mourir.

Le touriste dit: voir Rome et puis partir.

L'artiste ou l'ami des arts, ajoute : avec l'espoir de revenir.

En effet, on ne peut pas voir Rome en huit ou en quinze jours, et pourtant il serait difficile d'y passer trois mois de suite.

Le séjour de cette ville sale, puante, nauséabonde, rebuterait le plus zélé. L'homme qui veut visiter l'Italie et qui dispose de son temps, doit établir son quartier général à Rome, qui en est le centre ; puis après y avoir passé huit ou dix jours, aller en passer quinze à Tivoli ou à Frascati, et après un nouveau séjour de quelques semaines aller à Naples. Un mois d'absence le reposera, et il reviendra continuer ses explorations ; il s'habituera peu à peu à ce dédale de petites rues, étroites, tortueuses, sombres, qui vous mènent à droite lorsque vous croyez aller à gauche. Enfin il se créera des occupations ou des distractions pour passer ses soirées, car il est difficile d'en trouver à Rome.

Tout cela constituera un séjour d'au moins deux mois, et ce n'est pas assez.

Vous croyez avoir tout vu, tout examiné ; un beau jour vous découvrez quelque ruine intéressante, c'est une colonne, c'est un ancien temple, c'est n'importe quoi, mais vous ne l'avez pas encore vu. Cela m'est arrivé : j'avais parcouru cinq à six fois la rue Saint-Jean-de-Latran, en flâneur, le nez en l'air, en quête de quelque ruine ou de quelqu'église intéressante ; jamais je n'avais remarqué une petite porte basse, n'attirant le regard que par un fronton triangulaire, sans importance. Un jour, la porte était entr'ouverte, je me hazarde à la pousser un peu ; je me trouve dans un petit bijou d'église, peu éclairée, mais resplendissante d'or, de marbres, de mosaïques, de tableaux, le chœur chargé de sculptures et en avant deux ambons en marbre blanc du plus beau travail, c'était l'église des Pélerins ; on peut facilement y rester pendant une heure ou deux. Voilà comment le temps s'écoule à Rome ! J'allais au musée du Latran, l'heure se trouva passée, il me fallut remettre ma visite à un autre jour. il en est souvent ainsi, on se dirige vers un endroit déterminé, et on n'y arrive pas parce qu'on est détourné par de nouveaux objets sur lesquels on n'avait pas compté.

Une autre raison, très sérieuse, ne permet pas de faire des visites trop réitérées aux galeries, c'est la fatigue. Lorsqu'on arrive, le désir de voir vous entraîne, vous pousse, vous voudriez voir tout à la fois, l'antiquité et la Rome des papes ; vous allez des musées aux ruines, des ruines aux églises, et vous recommencez, mais au bout de quelques jours tout cela danse devant les yeux, se confond ; puis on a vu tant et de si belles choses, qu'on passe indifférent devant des tableaux qu'en d'autres circonstances on admirerait.

Il faut aussi faire la part de la monotonie des sujets. Il y a une immense quantité de toiles représentant des scènes de religion, de sorte qu'à très peu de différence, c'est toujours la même chose. Il faut donc voir le tableau pour le talent du peintre et ne pas s'occuper du but qu'il s'est proposé. Cela devient fatiguant et ennuyeux, surtout pour ceux qu'un amour très vif de l'art ne guide pas. Pour ma part, j'ai bien vu une vingtaine de martyres de saint Hippolyte, au moins autant d'Annonciations, de Naissances de la Vierge, de la Visite des Rois Mages et d'autres scènes, offrant aux peintres l'occasion de déployer leurs talents, de montrer la flexibilité de leur pinceau, et la richesse de leur palette.

Il faut se reposer avant d'aborder le Vatican ; ce palais immense, plus grand qu'aucun de ceux où s'étale le faste des souverains, composé d'une foule d'annexes ajoutées au bâtiment primitif, sans s'occuper beaucoup de l'architecture suivie jusque-là. Il contient, dit-on, vingt cours et onze mille chambres.

Si les papes y ont des appartements vastes, riches et nombreux, il faut reconnaître qu'ils en ont abandonné la plus grande partie, pour y installer des galeries de peinture et de sculpture comme on n'en trouve nulle part. Elles sont ouvertes à peu près tous les jours, et les étrangers comme le peuple romain peuvent en jouir, moyennant de petites gratifications aux gardiens, qui sont, d'ailleurs, les gens les plus obligeants du monde.

Dans le corridor menant à la galerie de sculpture, une petite porte conduit à la salle Ducale et à celle des Ambassadeurs, sorte d'antichambre de la chapelle Sixtine, décorée de fresques de Vasari, Salviati et Zuccari, mais on les regarde à peine, ému de la pensée qu'on va pénétrer dans cette chapelle favorite des papes, illustrée par le pinceau de Michel-Ange. En effet, à peine la porte est-elle ouverte, les yeux se portent sur le mur du fond, entièrement couvert par le Jugement dernier, immense composition qu'on ne peut comprendre et apprécier qu'avec effort. Ici des groupes d'anges et de démons luttent pour s'arracher des bienheureux montant au ciel; là, des pêcheurs font de vains efforts pour y parvenir; dans le haut des groupes d'anges et les instruments de la Passion ; au milieu, la Vierge et le Christ entourés d'apôtres ; dans le bas, des morts ressuscités, l'Enfer tel qu'il est décrit par le Dante, Caron dans sa barque, le juge Minos, figures mythologiques assez singulièrement placées en cet endroit. Il est vrai que l'artiste avait une petite vengeance à exercer contre le maître des cérémonies du pape, Biagio de Celma, qui avait critiqué son tableau, il le représenta sous les traits du juge d'enfer.

Cette peinture, noircie par le temps, mal éclairée, usée, ne satisfait pas l'attente du visiteur ; les formes exagérées de la plupart des personnages ne séduisent pas. Michel-Ange, dans toute la verve de son génie puissant, n'avait pas cru devoir vêtir ses personnages. Paul IV, arrivant au pontificat, eut un moment la pensée de faire tout effacer, mais cédant à des conseils plus sages, il se borna à faire couvrir de draperies, de ceintures ou d'écharpes placées à propos, les sujets qui le choquaient le plus, et chargea Daniel de Volterre, peintre de mérite, de ce soin, ce qui dans le monde des arts, fit donner à cet artiste le surnom de culottier de Michel-Ange.

Clément XII, enchérissant sur Paul IV, chargea Stefano Pozzi de continuer ce travail, de le rendre plus complet. On peut comprendre que de telles retouches étaient loin d'augmenter la valeur de l'œuvre, c'est ainsi qu'elle nous est parvenue.

Les peintures décoratives des hauts de la chapelle semblent plus belles et mieux conservées, au moins elles sont intactes. Les Prophètes et les Sybilles, ornant les frises, ont une expression en parfaite harmonie avec le caractère que l'histoire leur attribue.

Le plafond, divisé en plusieurs compartiments habilement tracés, représente la Création du monde, l'attente et la venue du Messie, le Péché originel, le Déluge, l'Arche de Noé, et plusieurs autres sujets, tous entourés d'anges, de cariatides, de fleurs, de dorures.

Cette œuvre magnifique, due en entier au pinceau de Michel-Ange, fut peinte en vingt-deux mois. On raconte que le pape Jules II exigea de l'artiste qu'il entreprît ce grand travail ; vainement celui-ci objectait qu'il n'avait jamais peint de fresques ; qu'il ignorait les procédés employés par les artistes en ce genre, rien n'y fit, il fallut céder. Michel-Ange fit venir de Florence des peintres en renom pour leurs fresques, les fit travailler sous ses yeux, les paya de ses deniers, et quand il se crut assez habile, il les renvoya.

L'élève était passé maître. Il se mit à l'ouvrage et produisit ce splendide chef-d'œuvre.

Le mur d'entrée et les faces latérales sont couverts de fresques de maîtres florentins, assez belles, mais mal conservées ; on les oublie vite, toute l'attention ayant été attirée par les grandes compositions, attraits principaux de cette chapelle renommée.

XXIV.

Cet immense palais, le plus grand du monde, est, pour la majeure partie, consacré aux célèbres galeries que tout le monde connaît. Ce ne sont que musées de toutes sortes, peintures, sculptures, tapisseries étrusques, mosaïques, bibliothèques. Quelques appartements eux-mêmes sont des musées.

Dans le corridor où se trouve la petite entrée de la chapelle Sixtine, est la porte de la bibliothèque; une salle assez grande contient quelques livres, puis vient une vaste pièce peinte, dorée, dans laquelle sont exposés les objets donnés au pape par divers souverains. Enfin, une longue galerie est garnie, de chaque côté, d'armoires parfaitement closes, dans lesquelles sont, dit-on, renfermés une foule de livres, de manuscrits, de papiers d'archives; mais le public ne voit que les portes en bois, peu intéressantes.

La galerie de sculptures, située au bout du corridor, est la plus riche, peut-être, qui existe, non-seulement par le mérite, mais aussi par le nombre des objets exposés. Une multitude de pierres tumulaires, environ 3,000, des urnes, des cippes, des sarcophages, y sont réunis et classés; le savant, l'antiquaire, peuvent y faire une étude sérieuse des habitudes de la Rome antique.

On passe devant une foule de sculptures anciennes, et l'on arrive enfin à une cour octogone, bien connue sous le nom du Belvédère. Dans la pièce qui lui sert de vestibule, est le Torse d'Hercule, sculpté par Apollonius, d'Athènes.

Le Belvédère est composé d'une cour entourée de colonnes, derrière lesquelles sont quatre petites pièces, ne contenant que des chefs-d'œuvre. On y voit, entre autres merveilles, des pugilateurs, Persée, par Canova; Mercure ou Antinoüs, on ne sait au juste lequel, mais à coup sûr une magnifique statue; le groupe de Laocoon, attribué aux sculpteurs Apésandre, Polydore et Athénodore de Rhodes, appelé par par Michel-Ange une merveille de l'art. Enfin, le très célèbre Apollon du Belvédère, en marbre de Carrare, magnifique spécimen du plus rare mérite de la statuaire grecque. Ces œuvres hors ligne sont entourées de statues et statuettes, moins importantes, mais fort belles aussi.

Deux superbes chiens molosses semblent garder ou défendre l'entrée de la salle des animaux, où l'on a réuni un grand nombre de sujets de ce genre, tous très beaux.

Le sol est, en quelques places, recouvert de mosaïques antiques.

Puis viennent les salles des statues, des bustes, le cabinet des masques, la salle des muses, la belle salle ronde construite sur le modèle du Panthéon. On y voit une superbe mosaïque, représentant des Tritons, des Néréides, des Centaures et des Masques : elle vient des thermes d'Otricoli. Au milieu, est un très beau bassin de porphyre trouvé dans les bains de Dioclétien.

Au pourtour, sont des statues ou bustes, un entre autres de Jupiter, le plus parfait et le plus célèbre de ceux connus; un Hercule en bronze doré de 3 mètres 83 centimètres de hauteur, et beaucoup d'autres œuvres remarquables.

La salle à Croix grecque, celle de la Bigue, offrent encore de bons modèles, ainsi que la galerie des Candélabres, quoique les œuvres qu'elle renferme soient moins importantes.

Les Tapisseries, dites de Raphaël, parce qu'elles ont été fabriquées sur ses dessins à la manufacture d'Arras, sont malheureusement fort abîmées par le temps, les couleurs sont usées; cependant, on reconnaît encore la pureté du dessin et leur parfaite exécution.

Le Musée Grégorien possède de belles antiquités réunies dans douze chambres, au-dessus desquelles se trouve le Musée Egyptien.

Tout près de là, sont les loges de Raphaël, destinées à décorer un corridor ouvert aux éléments, jusqu'en 1813, époque où il a été fermé par des fenêtres; le maître en a fourni les dessins, y a travaillé et a fait exécuter la plupart des peintures et des fresques sous ses yeux, par deux de ses élèves, Jules Romain et Jean d'Udine. Malheureusement, le temps a fait aussi son œuvre, et ces beaux travaux attireraient peu l'attention, s'ils n'étaient protégés par les noms de leurs auteurs.

Au bout de ce corridor, sont les stanzes ou chambres de Raphaël. Ici encore sont partout les dessins du maître : plafonds, fresques, peintures murales, exécutés par lui ou ses élèves, en tête desquels on retrouve J. Romain et Jean d'Udine.

Ces œuvres méritent toute l'attention : la composition, le dessin et l'exécution en sont parfaits, et la conservation très bonne.

Près de là, est la chapelle de Nicolas V. Je n'en parle que pour mémoire, les fresques qui la décorent étant très usées.

Pie IX a fait établir à l'extrémité des stanzes une salle où sont représentées les phases de la reconnaissance du dogme de l'Immaculée-Conception. Les tableaux, assez bons, semblent avoir été faits pour la gloire du pape et des cardinaux, dont ils donnent les portraits.

Le Musée du Vatican ne possède pas un grand nombre de tableaux, mais ils sont tous œuvres de maîtres, au milieu desquels trônent deux chefs-d'œuvre de Raphaël : la Transfiguration, tracée, dessinée et peinte, pour la plus grande partie, par lui. La mort est venue le surprendre avant qu'il l'ait finie. Ses élèves ont dû l'achever.

Le second est une de ces ravissantes Vierges, créées par son suave pinceau, connue sous le nom de la Vierge de Foligno. Tout le monde la connaît, et personne ne se lasse de l'admirer.

A côté, est la Communion de saint Gérôme, du Dominiquin, ouvrage grandiose et magnifique, auquel on a réservé l'honneur mérité de faire pendant à la Transfiguration.

Deux Musées sont encore au Capitole : l'un appelé des Conservateurs, l'autre Capitolin.

Une salle, située au rez-de-chaussée, contient des bustes d'Italiens célèbres ; c'est une sorte de souvenir et d'hommage rendu aux grands hommes de la patrie, par le pape Pie VII. Cependant, quelques étrangers ont mérité d'y être admis, entre autres notre Nicolas Poussin.

On a exposé dans la cour quelques sculptures antiques, notamment un pied et une main d'une statue colossale.

Un escalier, garni de belles sculptures, mène à un corridor situé au premier étage. Après avoir bien cherché, on arrive à une petite cour en forme de couloir, sale, mal pavée ; au milieu se trouve une porte sur laquelle est écrit : « Galleria di Quadri. » On sonne, la porte s'ouvre, un petit escalier conduit le visiteur à un Musée renfermant d'assez bons tableaux.

Dans le grand escalier, une porte conduit à des appartements de réception, décorés de belles fresques, du chevalier d'Arpin, et surtout de plusieurs belles statues.

Dans une de ces salles, se trouve la louve

Capitoline allaitant Rémus et Romulus. On suppose que c'est celle que les édiles Cneius et Quintus Augustus firent placer au Capitole environ 300 ans avant Jésus-Christ.

Le Musée Capitolin renferme de magnifiques statues; j'en citerai seulement quelques-unes :

Le Gladiateur mourant, ouvrage grec du plus grand mérite :

Deux Centaures ;

Une très belle statue assise, de Claudius Marcellus, 200 ans avant l'ère nouvelle ;

Une foule de bustes remarquables ;

Une belle tête de Silène ;

Pallas trouvée à Velletri ;

La chambre de Vénus, renfermant la statue de la Vénus du Capitole, attribuée à Praxitèle, et un beau groupe de l'Amour et Psyché.

Mais je vous quitte. Adieu, s'il fallait détailler toutes les richesses artistiques de Rome, on n'en finirait pas.

NAPLES

XXV.

Arriver à Naples en venant de Rome, c'est tomber sur la place publique, un jour de fête, au sortir d'une cathédrale.

D'un côté, tout est froid, grave, silencieux ; de l'autre, au contraire, tout est bruyant, riant, chantant. Il n'y a presque jamais de boue, cependant, une nuée de décrotteurs, la brosse en main, s'en servent pour frapper sur leur sellette et appeler la pratique. Les marchands de journaux offrent leur marchandise en criant à tue-tête, et par dessus tout, les cochers font claquer leurs fouets, se lancent au galop à travers la foule. C'est un tapage assourdissant; cela vaut mieux, pourtant, que l'aspect claustral de Rome.

La physionomie de la ville ne ressemble guère à celle des nôtres, la population, composée de classes bien distinctes, ne se mêle pas. L'aristocratie ne descend pas sur les trottoirs, on l'aperçoit à peine parcourant dans ses voitures le Toledo, la Chiaja et le Jardin-Royal, promenade peu commode. La Chiaja est une rue d'une montée assez rapide, ayant au revers une descente qui ne l'est pas moins; elle est étroite, et, dans certains endroits, il n'y a place que pour deux voitures, elle semble avoir été percée dans un vallon resserré; les deux quartiers qui la bordent sont reliés par un pont construit à une grande élévation.

La bourgeoisie se montre peu, les femmes qui la composent restent dans leurs appartements ou vont à la campagne ; au moins on n'en voit qu'un très petit nombre dans les rues.

Le peuple, proprement dit, forme donc la masse flottante ! et quelle masse ! Elle se compose au moins des cinq sixièmes de la population totale. Aussi, quoique la ville soit très grande, il y a partout un mouvement extraordinaire, une animation peu commune, une sorte d'agitation continue.

On peut l'apprécier lorsqu'on connaît la manière de vivre de chacune de ces classes; la troisième compte à elle seule de 400 à 450,000 individus. Tout ce monde là vit dans la rue, il y mange et très souvent y dort. Les quartiers voisins du port surtout ont le privilége de réunir la foule autour des boutiques ambulantes de marchands de macaroni et de poissons frits. Toute cette masse de peuple est à peine vêtue, elle porte des haillons déchirés, déguenillés, dont l'état primitif se révèle à peine et n'a jamais été l'objet d'une réparation. Elle semble se faire honneur de cette misère apparente et n'essaie nullement de la dissimuler. Il n'est pas rare de voir des hommes, des femmes, des enfants, avec des vêtements qui ne les couvrent pas entièrement; on aperçoit leur peau à travers les fentes du jupon ou de la culotte.

On mange dans la rue, on y jette les débris du repas, on n'y prend aucune précaution de décence ou de propreté; la plupart des boutiquiers étalent leur marchandise dans les rues, les épluchures sont jetées pêle-mêle avec les ordures garnissant le pavé. Vous pouvez juger quelles odeurs s'exhalent de ces amas de saletés.

Si le Toledo, la Chiaja et le Jardin-Royal servent de promenade aux voitures, ils ont aussi le privilége d'attirer les promeneurs à pied. C'est là qu'on les rencontre exclusivement; tout le reste de la ville est livré à la populace.

A Naples, rien n'est caché, les détails de toilette se passent dans la rue : on voit souvent des femmes chercher à débarrasser leurs enfants des insectes qui les gênent, elles ne prennent pas toujours la peine de les tuer; aussi, quand on parcourt certains quartiers, il n'est pas rare de rapporter de petites bêtes d'un gris blanchâtre auxquelles on donne le nom de Dominicains, à cause de la similitude de la robe. Les femmes peignent dans la rue leurs magnifiques cheveux noirs, toujours propres et bien lissés.

Tous ces gens viennent peu au Toledo; ils restent généralement dans leurs quartiers; il est vrai que ce qui leur est ainsi abandonné comprend les sept huitièmes de la ville.

Les voitures publiques méritent une mention particulière : ce sont, en général, de petits cabriolets à quatre roues, à peine suffisamment larges pour recevoir deux personnes; ils sont traînés par de petits chevaux berbères très agiles, très actifs, aussi sobres, dit-on, que robustes. Leurs harnais sont couverts de dessins en clous à tête de cuivre. La sellette a pour ornement un objet de cuivre, comme une lyre, un animal quelconque, une statuette, une figure de saint ou autres objets de fantaisie, entourés de clochettes ou de grelots. Ces voitures sont tenues avec une grande propreté; les cuivres des harnais sont nettoyés tous les jours et aussi bien entretenus que ceux des meilleures maisons. Cela est d'autant plus remarquable, que les cochers sont vêtus de haillons, comme le plus bas peuple, et ont des vêtements dont ils ne retireraient aucun prix, s'ils voulaient les vendre.

Ces cochers sont excessivement attentifs à l'appel possible d'un passant; nous nous amusions beaucoup de leur extrême vigilance. Une place de voitures était à 2 ou 300 pas de notre hôtel; lorsqu'ils nous voyaient sortir, ils se mettaient à crier pour offrir leur véhicule, et si nous avions le malheur de tourner la tête de leur côté, ils se lançaient tous au galop pour arriver près de nous, et lorsqu'on leur faisait un signe négatif, ils retournaient paisiblement à leur place.

Ce que je vous raconte se reproduisait à la sortie de chaque voyageur, à chaque passant qui jetait un regard de leur côté;

aussi, toute la journée on entendait se répéter les cris de huit ou dix cochers, le claquement des fouets, la course des chevaux. Vous pouvez juger du tapage en résultant, et tout cela pour une course de 50 centimes ; tel est le prix des voitures.

Le peuple est d'une loquacité extrême. Si vous ne donnez pas la *buona mano* à un cocher ou à un facchini, ils vous débitent, du ton le plus sérieux et le plus véhément, des discours interminables, mais quand vous serez fatigué de les entendre, vous vous en débarrasserez avec une pièce de dix centimes, alors, ils vous étourdiront d'une foule de *grazie* et s'en iront avec la figure riante et épanouie.

Je lisais récemment, dans un ouvrage sur Naples, écrit il y a quelques années, que l'aristocratie se mêlait facilement au peuple, et que l'on voyait souvent la blouse en lambeaux coudoyer la redingote ou le paletot de quelques princes de ce pays, où ils ne sont pas rares. J'ai vainement cherché ce tableau de fraternité, ce que j'ai vu de plus caractéristique est ceci : des dames arrêtant leur voiture devant la porte des magasins et se faisant apporter des étoffes ou des gants pour choisir ce qu'il leur fallait, sans prendre la peine de descendre et de traverser le trottoir, où elles auraient pu rencontrer quelques-unes de ces blouses sales et déchirées dont nous avons parlé.

A Naples, il y a un assez bon nombre de mendiants, ce sont surtout des enfants, qui, riant, gambadant, sautant, sollicitent une aumône; généralement, ils ne sont pas tenaces; si on les refuse, ils vous regardent en souriant d'un air si gracieux, si suppliant, leurs yeux sont si jolis, qu'on se laisse séduire, et on leur donne quelque menue monnaie, dont ils sont toujours satisfaits, si faible que soit le don; si, par hasard, on résiste, ils vous laissent facilement.

On voit encore ici quelques moines, les Capucins y paraissent en majorité, mais ils ne sont pas en grand nombre, et il faut rendre cette justice au clergé séculier qu'il est vêtu et tenu proprement; sur ce point, Rome est encore au premier rang pour la saleté et la mauvaise tenue.

J'ai souvent entendu répéter le dicton napolitain : « Voir Naples, puis mourir ! »

La vue de Naples ne m'a pas, je vous l'assure, donné de pareilles idées ; la ville n'est pas belle, les rues, en général, sont étroites et sales, montueuses et mal pavées; les maisons sont serrées et peu éclairées; il y a sans doute quelques beaux monuments, mais ils ne changent pas l'aspect de la cité. Ce qui est très beau dans ce pays, c'est le golfe, cet immense bassin entouré de villages, de maisons, fermé par l'île de Capri ; c'est cette espèce de rue qui le borde à gauche sur une longueur de plusieurs lieues, et qu'on appelle successivement Portici, Torre del Greco, Torre del Annunziata, Castellamare et Sorrente, dont la pointe avancée semble avoir touché autrefois l'île de Capri ; puis, à droite, le Pausilippe, le cap Misène, l'île de Nisida, enfin, et par dessus tout, le ciel bleu et la mer azurée, quand ils veulent bien se montrer ainsi.

Pour moi, j'en ai peu joui, et quoique j'y fusse en mars et avril, le temps était gris, le vent froid et la mer agitée.

Naples possède une assez jolie collection de *pick-pockets*, ils fréquentent généralement le bas de la rue de Tolède, vers le coin de la Chiaja ; j'ai eu occasion de constater leur adresse, ils ont allégé ma poche d'une excellente lorgnette à laquelle je tenais beaucoup. Le tour semble facile à jouer : trois ou quatre messieurs passent près de vous ; dans cette foule toujours mouvante, ils trouvent facilement moyen de vous entourer, alors, un petit jeune homme de quinze à seize ans, bien vêtu, de manières élégantes, fait sa soustraction avec une habileté rare ; si, par hasard, vous vous retournez, vous voyez autour de vous des gens à mines respectables. l'idée d'un vol ne vous vient pas, c'est plus tard que vous vous apercevez de la disparition de l'objet soustrait.

Les voleurs à la tire de Paris, les pickpockets de Londres, ne sont pas plus habiles que ceux de Naples.

Les églises de Naples sont peu remarquables à l'extérieur, leur architecture est lourde et raide, elle n'a aucun caractère précis et semble un peu de toutes les époques. A l'intérieur, on retrouve, en général, les ogives, les piliers à colonnettes, les cintres à nervures. Les plafonds sont en voûte et non a surface plane, comme dans celles de Rome. L'ornementation diffère peu des autres églises de l'Italie; c'est la même profusion de tableaux, de statues, de dorures; les autels sont presque tous en magnifique mosaïque, et là où les ressources n'ont pas permis d'employer ces richesses, on y a suppléé par les draperies et les franges. Cependant, quelques édifices méritent une mention : la jolie église de l'Incolorata a une voûte cintrée, couverte de belles peintures. Santa-Chiara, composée d'une seule nef excessivement élevée, est chargée de peintures et de dorures ; des girandoles dorées sont attachées à chaque pilier ; des tribunes sont établies au-dessus de chaque arcade ; si l'on retirait l'autel pour le remplacer par un orchestre, cela ferait une magnifique salle de bal ou de concert.

La **cathédrale**, construite en 1272, par Charles d'Anjou, sur l'emplacement d'un temple de Neptune, a, malgré plusieurs modifications, conservé son caractère primitif ; elle a trois nefs, quelques belles fresques et de riches tombeaux, entr'autres ceux de Ch. d'Anjou et de Charles-Martel, roi de Hongrie.

La chapelle Munitoni contient le tombeau du cardinal de ce nom, monument fort remarquable.

Sous le maître-autel est le tombeau de saint Janvier, devant lequel la statue du cardinal Carafa est agenouillée. Le tombeau du pape Innocent II est des mieux réussis.

La cathédrale communique avec la basilique de Santa-Restituta, au fond de la quelle est une belle mosaïque de haute antiquité, la plus ancienne de Naples. Les antiques colonnes corinthiennes de la nef proviennent d'un temple d'Apollon, existant autrefois dans le voisinage; ces malheureuses colonnes ont vu passer des dieux, comme les trônes des rois. Dans le bas-côté droit de la cathédrale est la chapelle de saint Janvier; sa façade intérieure est de marbre blanc; elle renferme huit autels, douze colonnes, cinq tableaux du Dominiquin et plusieurs fresques. Cette chapelle est d'une grande richesse; elle a, suivant la tradition, coûté deux millions de ducats.

Deux vases en argent, contenant le sang de saint Janvier, évêque de Bénévent, sont déposés dans cette chapelle. Suivant la légende, le saint fut exposé aux lions, dans l'amphithéâtre de Pouzzoles, en 305; mais ces bêtes s'étant prosternées devant lui et lui ayant léché les pieds, le proconsul Dracontius le fit décapiter.

Une femme recueillit son sang et l'apporta

à saint Sévère, évêque de Naples. Lorsque l'évêque prit les deux fioles, le sang du saint se liquéfia; depuis cette époque, le même miracle se renouvelle trois fois par an, aux jours dits, le premier samedi de mai, le 19 septembre et le 16 décembre. On invoque le saint pendant la guerre, les calamités publiques et les éruptions du Vésuve; si le sang ne se liquéfie pas, c'est un mauvais présage, le peuple se désole, excite le saint par de véhémentes objurgations et souvent par les injures les plus grossières.

On se rappelle que, pendant la révolution française, une cérémonie religieuse eut lieu pour invoquer saint Janvier en faveur des Français déjà maîtres de la ville. Le miracle ne s'étant pas opéré, le peuple s'agitait, une révolte devenait imminente; il était évident, pour les Napolitains, que leur saint vénéré n'approuvait pas l'occupation. Pour calmer cette effervescence, le général Championnet fit venir le doyen du chapitre, et lui enjoignit de recommencer la cérémonie le lendemain, lui déclarant que, si le miracle ne s'opérait pas, il le ferait fusiller, avec tout son chapitre, à l'issue de l'office. Le lendemain, la messe fut dite de nouveau, et le miracle s'opéra à la satisfaction générale.

Non loin de la cathédrale est la chapelle de saint Sévère, ou Santa-Maria della Pieta de Sangri, ainsi appelée parce qu'elle a été transformée en sépulture de cette famille, en 1613, par Alessandro di Sangro, archevêque de Bénévent et patriarche d'Alexandrie. Cette chapelle est surchargée de dorures et de sculptures, dont quelques-unes de très mauvais goût. On y remarque le groupe connu sous le nom de *l'Homme dans le filet;* aidé de la Raison, il le déchire avec violence. Tout auprès est la statue de la Pudeur, la face légèrement voilée, mais le corps entièrement nu. Cet ensemble contient toute une histoire. L'homme brisant les mailles du filet représente Antonio di Sangro, désespéré de la perte de Cecilia Gaetani, son épouse, figurée par la femme nue; la Raison l'aide à déchirer les liens qui le retenaient dans la société pour aller se faire moine.

De nos jours, la raison l'aiderait à rompre le lien monacal pour rentrer dans le monde; mais, les idées changent suivant les temps et les lieux.

L'ancienne chapelle royale, précédée d'un bel hémycicle, est une vaste rotonde composée de trente colonnes corinthiennes soutenant une fort belle coupole. Le maître-autel, en mosaïque de pierres dures, au nombre desquels se trouvent beaucoup de jaspes et de lapis lazuli est magnifique; quelques bons tableaux et de belles statues ornent cette église, douée d'une élégance remarquable.

La plus riche de toutes les églises de Naples est San-Martino, située dans l'enceinte du fort Saint-Elme. On semble s'être efforcé d'y réunir tout ce que les arts peuvent produire de beau, de riche et de grandiose. Le pavage, en mosaïque de marbre, est de Presti; douze roses diverses, en granit d'Egypte, ornent les parois de la nef; la table de communion est composée des marbres les plus précieux; enfin, le maître autel est un magnifique témoignage de l'habileté du lapidaire.

De bons tableaux sont placés dans l'église, dans la sacristie et dans le trésor; on y retrouve les noms de Lanfranc, de l'Espagnolet, du Guide, de Caracciolo et d'autres bien connus.

Cette église dépendait autrefois d'un couvent de Chartreux, dont le beau cloître est encore un objet d'admiration. Ses quatre faces sont supportées par soixante colonnettes d'ordre dorique, ornées d'un grand nombre de statues de saints; leurs chapiteaux sont tous différents. Le monastère, maintenant abandonné, peut être visité, et le public admire la splendide vue dont on jouit des cellules précédemment occupées par les moines. De ce point élevé, l'œil embrasse tous les détails de Naples, le golfe, les riches habitations qui l'entourent, et s'étend jusqu'aux Apennins.

Le fort Saint-Elme, autrefois la terreur des Napolitains, a été désarmé et sert maintenant de prison; il présente des restes imposants d'anciennes fortifications.

A peu près à moitié de la pente rapide qui ramène au centre de Naples, on traverse la magnifique rue nommée cours Victor-Emmanuel, prenant naissance près du musée et devant aboutir au Jardin-Royal; cette promenade contournera Naples et ménagera de superbes points de vue.

Naples possède un musée très riche en sculptures anciennes venant de Pompéï et d'Herculanum. On y trouve une multitude de peintures murales montrant ce qu'était l'art au temps des Romains. Ces peintures sont détériorées et presque effacées; cependant on y retrouve le trait hardi, ferme et bien posé que l'on se plaît à reconnaître dans les œuvres de l'antiquité.

Le musée de sculpture contient de magnifiques statues dont les auteurs sont pour la plupart inconnus. Il serait impossibe de les détailler ici; mais il faut citer la Psyché de Capoue, la superbe statue drapée, d'Eschine; la Vénus de Capoue, ressemblant beaucoup à celle de Milo; une mosaïque représentant la bataille d'Alexandre; ce chef-d'œuvre n'a pas, dit-on, son pareil dans le monde entier. Puis viennent la galerie des inscriptions, le musée Egyptien, contenant un bon nombre de tombeaux, de momies encore entourées et quelques-unes retirées de leurs bandelettes. Des collections du moyen-âge, d'autres de verre et de terre cuite antiques; enfin, la galerie de tableaux dans laquelle il s'en trouve un grand nombre de toutes les écoles. Les premières salles n'offrent pas un grand intérêt, mais, en avançant, on trouve de belles peintures de Jules Romain, de Raphaël, de Bellini, d'André del Sarte, de Breughel, de Pérugin, du Parmigianino, de Salvator Rosa, du Corrège, du Titien, de Giorgione, du Guerchin et de Rubens.

Le Guide, A. Carrache, le Dominiquin,

Lanfranc, Carlo Dolci et beaucoup d'autres sont aussi représentés dans cette vaste collection.

La bibliothèque paraît parfaitement organisée; elle contient deux cents mille volumes et plus de quatre mille manuscrits; mais, ici comme à Rome, les lecteurs sont peu nombreux, et toutes ces richesses ne paraissent profiter qu'à quelques savants ou à des bibliophiles venant là plutôt pour satisfaire la passion des livres que pour travailler.

On peut reconnaître, en observant le mouvement intellectuel de chaque pays, que dans ceux où les idées religieuses sont très développées, où l'instruction est mise aux mains de corporations religieuses, le fanatisme et la superstition dominent; les bibliothèques, les livres sont délaissés, et le peuple reste dans son état d'engourdissement et de torpeur. Depuis quelques années, on a senti en Italie, comme dans tous les autres pays, le besoin de répandre l'instruction au sein des populations; on a multiplié les écoles, des sociétés se sont formées pour la propager. Poursuivant la même idée, on a ouvert les musées, on les a rendus accessibles à tous et à tous instants. Il en est de même à Naples, et si la bibliothèque n'est pas encore fréquentée, on peut voir, dans les diverses parties du musée, un grand nombre de campagnards et de citadins qui ne sortent pas de là sans avoir vu beaucoup et retenu quelque peu de ce qui pouvait développer leur intelligence et leur instruction.

XXVI.

Le jour où j'arrivai à Naples, il y avait des courses de chevaux à peu de distance de la ville; il était trop tard pour que j'y assistasse, mais j'ai pu voir le retour. Le défilé a duré plus d'une heure et demie dans toute la largeur du Toledo. Les voitures étaient propres et soignées, les cuivres bien nettoyés, les harnais en bon état et les domestiques bien vêtus. Plusieurs attelages à quatre chevaux se faisaient remarquer par leur élégance; je me complaisais à jouir de ce luxe, et involontairement je le comparais aux équipages sordides de Rome; j'ajouterai que ces voitures étaient occupées pour la plupart par des femmes en fraîches toilettes, dont un assez grand nombre attiraient les regards par de gracieuses figures. Malheureusement il y avait un revers à ce tableau, c'était la foule déguenillée que nous venions de voir dans les rues populeuses. Nous nous demandions si ces haillons étaient exclusivement le résultat de la misère, s'il ne fallait pas plutôt les reprocher à la paresse ou à l'indolence. Si j'en crois les renseignements qui m'ont été donnés, il faut en accuser un peu l'un et l'autre, mais surtout l'habitude d'être ainsi.

La population napolitaine paraît s'améliorer beaucoup depuis la réunion au reste de l'Italie. Les lazzaroni, qui étaient la terreur des étrangers, ont disparu; les gens qui s'habillaient à peine, sentent aujourd'hui la convenance de se vêtir; ils se couvrent de haillons, mais au moins ils se couvrent. Encore quelques années, et les haillons seront supprimés; les chemins de fer rendront à cet égard de grands services.

J'avais toujours entendu parler de la mollesse des ouvriers napolitains; j'ai parcouru plusieurs fois les quais, les entrepôts, la douane, j'y ai toujours vu une activité égale à celle à laquelle nous sommes habitués.

On comprend que dans le cœur de l'été, au moment où le soleil brûlant absorbe tout, ceux qui y sont exposés aient besoin de plus de repos qu'en nos pays; la nourriture qu'ils prennent n'est d'ailleurs pas de nature à leur donner beaucoup de forces; ils vivent principalement d'air et de soleil, aliments qui en demandent bien quelques autres; ils sont généralement sobres. Pendant mon séjour à Naples, je n'ai pas vu un homme ivre.

Il y a bien encore un grand nombre de ces parasites dont on a grand'peine à se débarrasser; les abords des chemins de fer et des bateaux en sont encombrés, mais ils disparaîtront aussi lorsque la fréquentation des étrangers, les efforts du Gouvernement, auront apporté plus de civilisation dans la population. Ce n'est d'ailleurs pas à Naples seulement que l'on rencontre ces ennuis, je les ai trouvés dans tous les pays que j'ai parcourus, et même en France. Qui ne se rappelle les portefaix d'Avignon, et qui ne voit encore chaque jour les prétendus commissionnaires des chemins de fer offrant leurs services aux arrivants avec une insistance peu commune.

Les parties de l'Italie où ces petites misères ont le plus d'importance, sont les Etats Romains et Napolitains; ce sont ceux où les gouvernements ont toujours cherché à étouffer l'instruction, l'éducation, le courage et l'énergie; ils croyaient qu'en laissant le peuple dans l'ignorance, le fanatisme et la superstition, ils le gouverneraient plus facilement et éteindraient en lui les sentiments de patriotisme et de liberté. Ils ont vu les résultats de ce système; les souverains de l'Italie ont successivement disparu devant l'émeute; l'apparition de Garibaldi, avec quelques-uns de ces mille de Marsala, a suffi pour faire tomber une royauté qui s'était aliénée l'affection de tout un peuple. Je ne veux pas parler de l'Etat romain, mais tout le monde sait où en serait le pouvoir temporel sans les baïonnettes françaises.

Dans l'Etat napolitain, l'instruction du peuple est nulle; mais déjà elle commence à se répandre : quelques années encore, et l'esprit vif et intelligent de la population aura rattrapé le temps perdu.

Il est difficile de demander au clergé un concours bien actif pour détruire le fanatisme qui fait sa force, et cependant le clergé séculier n'oppose pas d'obstacle à l'instruction du pays. Beaucoup de prêtres ont franchement accepté la rénovation de l'Italie; mais les moines, pour la plupart aussi illettrés que les paysans, ne peuvent se décider à voir détruire un état de choses qui fait leur puissance. Si le paysan italien était instruit comme le sont ceux de l'Allemagne et de la Suisse, les moines se trouveraient dépassés et ne pourraient continuer leur vie oisive et contemplative. Dans l'état actuel, le prêtre est considéré comme un Dieu, plus qu'un Dieu, parce qu'il est visible, que ses discours frappent l'oreille, qu'il distribue les récompenses et les peines réservées aux chrétiens dans l'autre monde.

Un petit fait caractéristique se produit partout en Italie, mais surtout dans les Etats romains et napolitains. Si un catholique fervent passe devant un prêtre, il ira lui baiser la main; s'il sort du confessionnal, il ira s'agenouiller devant le confesseur pour accomplir le même acte de respect; il se croit sanctifié par cette démonstration d'humilité.

A Naples autant qu'à Rome, la piété se manifeste par des actes extérieurs : les génuflexions, les signes de croix se succèdent devant les églises, les chapelles et les bonnes Vierges placées contre les murs des maisons; mais un peu plus loin on n'y pense plus, et l'acte de dévotion ne préviendra ni une mauvaise action, ni une impiété.

Je me suis souvent demandé si le brigandage exercé en grand dans les campagnes, et en plus petites porportions dans les villes, n'était pas favorisé par la facilité déployée dans les absolutions fréquemment demandées aux différents membres du clergé. Le prêtre doit exercer une influence immense sur des esprits pénétrés de la crainte des châtiments réservés à ceux qui enfreignent les lois divines. S'ils étaient sérieusement menacés de la colère de Dieu, si l'absolution leur était refusée, peut-être ne recommenceraient-ils pas leurs méfaits et parviendrait-on à purger l'Italie de ces bandes qui la déshonorent. Nous laissons ces réflexions à de plus autorisés que nous, nous bornant à les énoncer.

Suivant un dicton de ce pays, Naples

fait les fautes et les voisins du Vésuve les paient. Ce dicton n'est pas absolument vrai, et les effets du Vésuve se font bien quelquefois sentir à Naples même. Ainsi, lors de la dernière éruption, dans la nuit du 17 janvier, une secousse de tremblement de terre ébranla le rocher élevé dominant le quai de Santa-Lucia; une masse énorme s'en détacha, entraînant avec elle les maisons qui y avaient été bâties, et écrasa celles qui étaient au-dessous, en faisant de nombreuses victimes; le pont conduisant au château de l'Œuf fut en partie détruit. A la fin de mars, la circulation sur le quai était encore interrompue, et plusieurs mois ont dû s'écouler avant son rétablissement. Une des conséquences de ce funeste événement fut d'empêcher les piétons et les voitures de se rendre par ce beau quai au Jardin-Royal, il y avait nécessité absolue de passer par la Chiaja, malgré ses pentes rudes et étroites.

Le Jardin-Royal, long et peu large, est plus attrayant par sa situation que par sa beauté; la mer le borde sur le côté gauche; à droite est une large rue, destinée aux voitures et aux cavaliers. Cette rue se prolonge bien au-delà de la promenade, et prend le nom de strada di Piedigrotta, rue du Pied-de-la-Grotte; elle monte vers le Pausilippe et traverse cette montagne par la célèbre grotte conduisant à Pouzzoles et à Baja. J'avoue que cette grotte n'a répondu nullement à mon attente; c'est un tunnel long d'environ 1,000 pas, haut de 80 pieds à l'entrée et de 40 à 50 au milieu, éclairé pendant toute l'année, et toujours encombré de piétons et de charrettes. C'est tout simplement un passage souterrain; on y trouve un escalier montant au milieu d'une vigne dans laquelle est une salle d'environ 15 pieds carrés; ce fut, dit-on, le tombeau de Virgile. Sans ces grands noms de Pausilippe et de Virgile, la grotte paraîtrait un passage assez incommode, sombre et humide dont on se hâterait de sortir, et le prétendu tombeau, dont rien ne constate l'authenticité, ne serait que le débris d'un ancien bâtiment abandonné.

XXVII.

Le palais paraît avoir été construit sur une légère éminence formant la croupe du coteau de la Chiaja ; à droite, une pente douce mène au quai de Sainte-Lucie et au château de l'Œuf ; à gauche, une pente semblable passe devant le théâtre de San-Carlo et conduit au mole et au quai. Ce vaste bâtiment, assez bien, sans cependant avoir rien de très remarquable, développe sa façade sur la place de l'Indépendance, autrefois place Royale. Il contient de beaux appartements richement décorés, et possède quelques bons tableaux. J'ai été frappé de la quantité de porcelaines de Sèvres et de tapisseries des Gobelins qui s'y trouvent, les meubles de quelques appartements, notamment de la salle à manger, sont de style Empire. Cela n'a rien de surprenant, tous ces ornements ont été donnés par

Napoléon Iᵉʳ à son beau-frère, l'ameublement a été fait par les ordres de Murat, la salle du trône, le trône lui-même, sont de la même époque ; les remises contenaient encore une quinzaine de voitures, parmi lesquelles un grand carrosse de gala, tout doré, a été fait pour l'entrée de Murat à Naples. Rien de tout cela n'a été changé, les Bourbons ont trouvé le lit tout fait, ils s'y sont couchés sans prendre la peine de renouveler ce qui, cependant, devait leur rappeler chaque jour le règne du soldat qui avait occupé leur place. Ils avaient raison peut-être, où auraient-ils trouvé rien de plus beau que des produits de Sèvres et des Gobelins. Ils ont considéré ces richesses comme des dépouilles opimes dont ils avaient le droit de s'emparer. Quant aux carrosses et au trône, ils ont porté avec la même indifférence le conquérant, le représentant du droit divin et le souverain régénérateur de l'Italie. Je n'oserais pas affirmer que Garibaldi ne s'y est pas aussi un peu assis. Mais, qu'importe, la mobilité des événements pouvait y en faire passer bien d'autres, et tous ces instruments de vaine parade n'en étaient pas moins l'objet du respect du peuple !

Murat a encore laissé dans ce palais un grand et beau souvenir, c'est un splendide escalier à deux voies tout en marbre blanc, orné d'élégantes sculptures.

Au pied de l'éminence sur laquelle est le château, est placé l'arsenal et le fort de Châteauneuf, dominant tout le golfe. Cette citadelle communique avec le château et paraît en faire partie.

Le théâtre de San-Carlo, le plus grand, dit-on, de l'Europe, après la Scala, de Milan, est, comme tous les théâtres de l'Italie, composé de six rangs de loges superposées, sans aucun balcon ni galerie; le théâtre est richement orné, la troupe qui l'exploite est bonne, surtout celle de ballet.

Auprès du théâtre est le jardin du palais, puis commence le large quai menant au mole d'un côté, et de l'autre, longeant le port jusqu'au bâtiment de la douane.

Naples possède quelques fontaines assez jolies, entre autres le Neptune placé devant l'église de l'Incolorata. Un monument récemment construit à la mémoire des Napolitains tués pendant la dernière révolution est situé sur la petite place au-delà de la Chiaja. Au pied d'une colonne élevée, sont groupés trois lions : le premier, plein d'ardeur, le regard enflammé, semble menacer ; le second, blessé, combat encore, quoique tout son corps peigne l'affaiblissement ; le troisième, tombe mourant. L'allégorie est fort belle et l'exécution paraît excellente, l'expression de chaque sujet est vraiment remarquable.

Le plus grand charme de Naples est dans les riches campagnes qui l'entourent. Du côté de Sorrente, on parcourt des localités pleines d'intérêt ; d'abord, c'est Portici, illustré par notre compatriote Auber, qui a su trouver dans le jeu de la Muette et les chants de ses compagnons, les cordes vibrantes d'amour, de patriotisme et de liberté. Hélas ! trop souvent les héros de révolution périssent comme Masaniello, pour avoir voulu trop se grandir, et entraînent leur œuvre avec eux. Puis on longe le pied du Vésuve, et l'on s'étonne de voir des habitations construites sur des monceaux de laves et de cendres. Là, se trouvent Résina, Torre del Greco, Torre del Annunziata, Pompeï et Herculanum. Dans ces deux dernières villes, les cendres et la lave ont tout englouti, elles sont restées pendant deux mille ans enfouies sous des masses de terre jetées par le Vésuve; les fouilles commencées et continuées avec une grande persévérance ont déjà découvert des bâtiments d'habitation, des temples, le théâtre et le forum, dont les ruines permettent encore de juger ce qu'était la ville au moment de l'éruption On pense qu'elle contenait de 30 à 35,000 habitants. L'amphithéâtre, dont on voit encore aujourd'hui de beaux restes, semble avoir été construit pour une ville importante; la rue des Tombeaux, la mieux conservée de toutes celles découvertes, contient de beaux spécimens de l'architecture funéraire de ce temps-là.

Il est évident que Pompéi, ou Pompéies, comme l'écrivent quelques-uns, a été une ville riche ; les murs de la plupart des maisons étaient couverts de peintures et d'ornements, les mosaïques y étaient prodiguées, les statues et les sculptures de marbre se trouvaient partout, et pourtant les maisons sont tellement exiguës, qu'on se demande comment elles ont pu être habitées par des familles. Elles sont toutes bâties sur le même modèle. Un couloir fort étroit, ayant à droite et à gauche des salles de service, conduit à une cour dallée, au milieu de laquelle est une petite fontaine ; au-delà se trouve un parloir, puis vient un petit jardin de même grandeur que la cour, au fond sont des salles de repos. Les côtés sont les chambres à coucher. Mais tout cela semble avoir été fait pour des poupées. Les cour et jardin n'ont pas 10 mètres carrés ; un de nos grands lits à deux personnes emplirait entièrement chaque chambre. La salle à manger et le salon n'auraient pu contenir dix personnes, les cuisines sont de petits couloirs ayant à peine deux mètres de large. Dans quelques maisons, un portique règne autour du jardin. Il est probable qu'un velum recouvrait ces espaces libres, que le soleil ardent du pays aurait rendu inhabitables. La maison de Diomède, la plus considérable de la ville, est bâtie de la même manière, pourtant le terrain ne lui manquait pas; elle a un grand jardin et de vastes couloirs souterrains, servant à conserver les vins et les provisions; on y voit encore des outres en bon état.

Les rues ont les mêmes proportions; une ou deux seulement pourraient contenir deux voitures de front, fût-ce même des chars romains. A chaque extrémité de ces rues, se trouvent en travers deux ou trois larges pierres, ayant environ quinze à vingt centimètres d'épaisseur; entre lesquelles est un espace de 25 centimètres au plus. On croirait voir un de ces chemins établis dans les petits cours d'eau.

Personne n'a pu me donner une explication satisfaisante de ces passages ; la plus plausible est qu'ils servaient à traverser la rue sans se crotter ; mais, dans ce pays, il pleut rarement, les rues sont dallées et ont une légère pente, il ne pouvait pas y avoir de boue. On assure que les vides restés entre les pierres étaient calculés pour avoir la voie des chars, et que le cheval passait bien par l'ouverture du milieu ; mais si le char avait deux, ou même trois chevaux, comment passaient-ils ? Si j'osais hasarder mon opinion, je dirais que les rues intérieures étaient interdites aux voitures, que la circulation ne leur était permise que dans les quelques rues principales, où ces obstacles ne se rencontrent pas. La découverte de nouvelles rues éclaircira peut-être ces incertitudes.

On voit encore quelques cadavres desséchés, surpris dans leur maison, soit au lit, soit au milieu d'un repas, par le courant de lave qui a tout englouti. Il faut retourner au Musée de Naples pour voir les ustensiles de ménage et autres objets trouvés dans les fouilles.

C'est, il faut en convenir, un terrible voisin que le Vésuve, il jette sa lave tantôt d'un côté, tantôt de l'autre; ses cratères ordinaires ne lui suffisent pas, il s'en ouvre souvent de nouveaux, le feu et la flamme surgissent sur un point où on ne les avait pas encore vus. Le torrent prend sa direction du côté de la pente la plus voisine, renversant, écrasant tout sur son passage; quelquefois il se heurte contre un rocher indestructible, alors il bondit, fait des flots comme le torrent au bas d'une chute d'eau et se divise en plusieurs ruisseaux, allant porter au loin la terreur et la désolation.

L'éruption de 1794 jeta jusqu'au bord de la mer, près de Torre del Greco, une couche de lave épaisse de 13 mètres et large d'environ 700. Cette ville est construite sur les masses de lave et de scories qui la détruisirent en partie en 1631. L'éruption du 8 décembre 1861 y causa de grands ravages, les maisons furent renversées, les rues défoncées, le rivage de la mer s'éleva de plus d'un mètre.

La route traverse plusieurs torrents de lave. Enfin, on arrive à Pompéï. Cette malheureuse ville reposait tranquille, près du Vésuve endormi depuis longtemps, lorsque, le 5 février 63, il se réveilla et manifesta sa puissance par un violent tremblement de terre qui renversa la plus grande partie des monuments et un grand nombre de maisons particulières. L'émotion fut telle, que le sénat romain délibéra sur le point de savoir, si on en autoriserait la reconstruction. Elle fut permise, mais avant d'avoir pu être achevée, la grande catastrophe du 24 août 79 vint la rendre inutile; une épaisse pluie de cendres tomba tout le jour, une autre lui succéda contenant des rapilles ardentes, sorte de pierre ponce; ces débris, rejetés par le volcan, couvrirent la ville d'une couche de 7 à 8 pieds de lave, de terre, de scories. La première pluie avait permis aux habitants de fuir; mais tous ceux qui avaient voulu sauver leurs richesses, leurs papiers, et qui étaient restés en arrière, périrent. D'autres éruptions élevèrent l'ensablement jusqu'à 20 ou 25 pieds.

Dans l'antiquité, on fit quelques fouilles; au moyen-âge, Pompéï fut oublié. Dans le dernier siècle, on essaya de pénétrer dans ces arcanes du passé, mais cela devint une spéculation ; on chercha des objets d'art, puis on rejetait la terre où on l'avait prise. Sous Murat, on entreprit quelques fouilles utiles, bientôt négligées par les Bourbons ; enfin le gouvernement nouveau ordonna des fouilles sérieuses et y consacre chaque année une somme de 60,000 fr. ; il nomma directeur des travaux, M. Fiorelli, dont l'intelligente surveillance prévient les détériorations qui avaient trop souvent lieu.

Après avoir quitté Pompéï, le chemin de fer conduit à Castellamare, ville de 24 à 25,000 âmes, située au bord du golfe de Naples, sur les débris de l'ancienne ville de Stabia, laquelle fut détruite en même temps que Pompéï. Pline l'Ancien périt en ce lieu en 79, étouffé par les vapeurs sulfureuses pendant qu'il observait une éruption du Vésuve. Le port est assez important; il possède un arsenal et des magasins militaires.

De Castellamare à Sorrente, la route est une des plus belles de ces ravissantes contrées; elle est surmontée de rochers appelés les Trois-Frères. On traverse la plaine de Sorrente, renommée par sa situation délicieuse, protégée de tous côtés par de hautes montagnes, sillonnée par de nombreuses gorges. On n'y voit que bois d'orangers et d'oliviers mélangés de mûriers, de grenadiers, de figuiers et d'aloës. On passe par plusieurs gros villages, et enfin on arrive à Sorrente, petite ville de 6,000 âmes, construite au sommet de rochers à pic situés au bord de la mer; les trois autres côtés présentent de profondes gorges. Les environs offrent de magnifiques promenades et des vues étendues, mais les hôteliers ont soin de prévenir que les chemins ne sont pas sûrs, de sorte qu'on ne peut les parcourir qu'en bon nombre et à ses risques et périls.

Sorrente est cité comme une résidence aussi saine qu'agréable. C'est à Sorrente que naquit le Tasse, en 1544.

Près de là est Massa, où Murat avait son quartier général en 1808, pendant que le général Lamarque opérait contre Capri. La distance entre la pointe de la presqu'île et Capri est d'environ une lieue.

Capri, autrement l'Ile-aux-Chèvres, est un long rocher s'élevant à l'ouest de 600 mètres; et à l'est, d'environ 250 mètres, à pic au-dessus des flots. Un très petit espace, large à peine de 150 à 200 mètres, offre le moyen de débarquer. En face, deux sentiers rapides mènent au village de Capri. Les femmes du pays ont imaginé un petit moyen d'imposer une légère contribution aux voyageurs : des barques vont prendre ceux-ci à bord du vapeur; mais comme la plage est très plate en cet endroit, elles placent des planches sur le bord du bateau, et au lieu de les appuyer tout simplement à terre pour faciliter la descente, elles les posent sur des tréteaux, de sorte qu'en arrivant au rivage, il faut sauter d'une hauteur d'environ 3 à 4 pieds; elles offrent la main, l'épaule, le bras. Ces petits services appellent une rétribution d'ailleurs fort modique.

Arrivé au village, on trouve de petites rues étroites, mais propres, une jolie église et un bon hôtel.

Plus haut était une des nombreuses villas de Tibère; c'est de là que le tyran faisait précipiter à la mer, d'un rocher nommé il Salto, le Saut, élevé à pic de 250 mètres, les victimes que sa cruauté avait condamnées.

La population descend, dit-on, de Grecs venus d'Acarnanie; elle en a conservé divers usages et un peu du costume. En général, les femmes y sont jolies, et malgré la chaleur et l'air de la mer, leur peau est blanche et fraîche. Les enfants y sont d'une beauté ravissante, il n'est pas possible de voir de plus beaux yeux éclairer de plus charmantes physionomies. Ils sont bien un peu mendiants, mais c'est en riant, chantant et gambadant; ils n'insistent d'ailleurs pas beaucoup.

Sous le rocher est la grande curiosité de l'île, la grotte azurée; l'accès en est difficile, il faut se coucher au fond d'une barque pour y pénétrer, ce qui est impossible lorsque la mer est agitée. C'est précisément ce qui nous arriva, nous dûmes nous borner à en voir l'entrée.

En 1803, les Anglais, commandés par sir Sidney Smith, s'emparèrent de Capri et voulurent en faire un petit Gibraltar, mais en 1808, Murat la reprit par un coup de main heureux.

C'est vraiment merveille que des troupes aient pu prendre terre sur cette étroite langue de terre, située au bas des rochers et qu'ils aient vaincu les difficultés sans nombre que leur présentaient des chemins étroits et rapides, et la défense de l'ennemi.

Cette position devait être d'une haute importance, car elle barre l'entrée du golfe mieux que ne le pourrait faire une digue construite par la main des hommes.

A droite de Naples, après avoir suivi la longue rue qui borde le Jardin-Royal, la Mergellina, et la route parsemée d'élégantes villas, on arrive au cap Misène, à l'écueil de Virgile, à l'île de Nisida, près de là, à Baja et à Pouzzoles, et tout droit, au moyen d'un bâteau, aux îles de Procida et Ischia. De tous côtés, ce ne sont que vues étendues sur la mer azurée, ou sur les montagnes pittoresques, malheureusement la poussière trouble un peu les plaisirs du voyageur, et il n'est pas possible de l'éviter.

Une des curiosités des environs de Naples, est le Corricolo, espèce de cabriolet sans garde-crotte, monté sur un long train débordant en arrière, trois ou quatre voyageurs privilégiés occupent la banquette, autant sont assis sur le devant du tablier et sur la capote, toujours ouverte, d'autres sur les brancards ; derrière, on laisse entasser autant de gens qu'il en peut tenir debout; enfin, une civière placée sous la voiture, reçoit les enfants.

J'ai compté jusqu'à dix-sept personnes sur un de ces véhicules, qui, raisonnablement, devraient en contenir deux ou trois; tout cela est traîné par une haridelle qui marche assez bien, grâce à la beauté des routes. Mais cette haridelle est ornée de passementeries, de galons usés, fanés, les harnais ont des clous de cuivre, et un vieux plumet se dresse sur sa tête.

Les beaux coraux se pêchent dans le golfe; aussi voit-on dans la ville de nombreux et beaux magasins de ce produit marin, de laves du Vésuve, de camées et de toutes sortes de pierres précieuses. C'est l'objet d'un commerce important. Quelques grands magasins ferment au mois de mai jusqu'en septembre, et vont, pendant ces mois de grandes chaleurs où il y a peu de voyageurs à Naples, porter leur industrie dans quelques capitales étrangères.

Leurs prix sont très modérés et diffèrent sensiblement de ceux de Paris.

Nous allons quitter Naples pour Ancône, dont je vous parlerai dans ma prochaine.

XXVIII.

Nous disons en passant un dernier adieu à Rome, et nous nous dirigeons sur Ancône, ville ancienne, fondée par les Grecs, et qui devint plus tard une colonie romaine. On y voit encore sur le vieux mole, l'arc-de-triomphe érigé en l'an 112, à l'empereur Trajan, pour perpétuer le souvenir de la fondation du nouveau mole. Près de là, est un autre arc-de-triomphe élevé par le pape Clément XII, sur les dessins de Vanvitelli. La cathédrale San-Cyriaco, bâtie sur une éminence occupée jadis par un temple de Vénus, s'est approprié les magnifiques colonnes de l'ancien édifice. La coupole octogone est, dit-on, la plus ancienne de l'Italie. Il y a encore quelques autres églises de peu d'intérêt. Les fortifications sans cesse augmentées font d'Ancône une des places les plus fortes de l'Italie, ce qui ne l'a pas empêchée d'être plusieurs fois prise, reprise, saccagée, brûlée, sort ordinaire de la plupart des places de guerre.

Non loin d'Ancône, est la petite ville de Lorette, célèbre par la présence de la maison de la Vierge, à laquelle plus de cinq cents mille pèlerins se rendent chaque année. L'histoire de cette maison est d'ailleurs curieuse. L'impératrice Hélène, mère de Constantin-le-Grand, âgée de plus de quatre-vingts ans, y fit un pèlerinage, et, à Nazareth, la fit entourer d'une basilique; depuis lors, la Casa Santa acquit une notoriété qu'elle n'avait pas eue jusque-là; cela se passait en 336. Plus tard, la basilique menaçant ruine, et les Sarrazins ayant envahi le pays, des anges ne voulant pas laisser ce précieux souvenir aux mains des infidèles, enlevèrent la maison et la transportèrent, en 1291, sur la côte de Dalmatie, près de Fiume. Trois ans plus tard. ne la trouvant sans doute pas convenablement placée, ils l'enlevèrent de nouveau, et vinrent la déposer au lieu qu'elle occupe encore aujourd'hui, sur un terrain qui appartenait à une veuve Loretta, d'où vint le nom que l'on donne à cette madone. D'autres prétendent que la maison fut déposée au milieu d'un champ de lauriers, d'où elle aurait tiré son nom.

On entoura la maison d'un baldaquin à larges parois, puis on construisit une église à l'entour; les pélerins y abondèrent, on bâtit diverses maisons pour les recevoir, et encore aujourd'hui, la ville ne se compose guère que d'une rue, habitée par des marchands de chapelets, de médailles et d'images de Notre-Dame-de-Lorette.

La Casa Santa, prise seule, est un bâtiment de très petite dimension, et d'une grande simplicité. Elle a neuf mètres de long, quatre de large et quatre de hauteur. Au-dessus de l'âtre, est une statue de la Vierge, haute de soixante-cinq centimètres, en bois de cèdre noir; cette statue fut, dit-on, taillée par saint Luc. Elle est couverte de pierreries dont l'éclat est mis en relief par la clarté de lampes d'argent, brûlant devant elle continuellement ; le foyer est rempli par un large tronc, dont l'ouverture béante invite les fidèles à y déposer une offrande.

La porte de la maison est sur le côté, et en face, dans l'église, est un bureau devant lequel plusieurs aumôniers sont assis, avec des plumes, du papier, des registres pour inscrire les prières que l'on veut faire adresser à la madone, et les dons qu'on lui apporte.

Ce n'est pas une petite administration que celle de la chapelle, elle emploie un évêque, vingt-quatre chanoines et vingt-quatre chapelains. Tous ces ecclésiastiques sont logés dans un vaste palais construit en face de l'église.

L'entourage de la Casa Santa a été revêtu de sculptures exécutées par les maîtres les plus célèbres de l'époque. Sansovino, Bandinelli, Jean de Bologne, y ont travaillé. Chaque face représente une scène de la vie de la Vierge, l'Annonciation, la Nativité du Christ, la Naissance de la Vierge, le Mariage de la Vierge, et dans les intervalles, David et Goliath, les Sibylles, et d'autres sujets, œuvres des premiers artistes, enfin l'arrivée de la Casa Santa à Lorette.

Cette œuvre sans pareille coûta, dit-on, 50,000 écus romains, sans les statues et le marbre; c'est certainement une des réunions de sculptures les mieux réussies de l'Italie.

Une marche en marbre entoure le bâtiment, elle est en partie usée par les genoux des fidèles, de même que le pied d'un Christ en bronze placé dans la décoration.

Le baptistère en bronze est très remarquable; les statues des quatre Vertus cardinales, la Prudence, la Justice, la Force et la Tempérance, ainsi que les bas-reliefs qui le décorent, en font une œuvre d'art du plus grand mérite.

On gagne beaucoup d'indulgences en allant sur les genoux, depuis la porte d'entrée de l'église jusqu'à celle de la Casa Santa, en faisant une courte prière à chaque pas. Les pélerins s'abstiennent rarement de cet acte de piété.

Personne ne revient du pélerinage sans en rapporter quelques objets bénits, suivant la coutume du lieu. Elle est assez bizarre pour être rapportée. Un aumônier, placé devant la statue de la Vierge, tient en main une espèce d'écuelle en métal, dans laquelle on pose l'objet à bénir; il l'agite deux ou trois fois, la bénédiction est faite. Ici elle n'est pas donnée par le prêtre, elle vient du contact avec l'objet sacré. On assure que ce vase servait à préparer la bouillie pour Jésus enfant, ou était une sorte de bol dans lequel la Vierge mangeait.

Le trésor de l'église placé à la suite de la sacristie, contient une foule d'objets précieux offerts à la Madone. Il y a des bijoux, des diamants, des décorations, quelques œuvres d'art, des camées précieux et une foule d'autres objets dont on a pu croire que l'offrande serait agréable à la Sainte-Vierge.

Le palais épiscopal contient de beaux appartements, destinés aux visiteurs de distinction ; plusieurs souverains y ont couché, non sans y laisser des traces de leur munificence.

On y voit des œuvres d'art et de beaux tableaux, généralement mal placés.

Le champ de bataille de Castelfidardo est sous les murs de la chapelle. Le sacristain nous décrivit très bien toutes les phases du combat, les positions occupées par l'armée italienne, commandée par Cialdini, et celles de l'armée romaine ; le chemin entre deux collines, par lequel les débris de celle-ci se retirèrent pour aller s'enfermer dans Ancône, qu'ils durent rendre quelques jours après. Deux tumulus élevés en face l'un de l'autre, marquent la place où furent inhumées les victimes de ce combat.

L'aspect de Lorette est très bizarre ; ainsi que nous l'avons dit, la ville se com-

pose d'une rue unique, menant à l'église ;
toutes les boutiques sont occupées par des
marchands d'objets de piété ; de jeunes
filles élégantes et coquettes sont placées
sur le seuil et appellent les passants avec
leurs plus doux sourires, on pourrait se
croire en tout autre lieu.

Lorette est de toute l'Italie, la ville où la
mendicité est le plus insupportable, les mendiants y sont très nombreux et d'une ténacité sans exemple : lorsqu'ils se sont attachés à un voyageur, ils ne le quittent pas
avant qu'il ne leur ait fait un don quelconque. Dans l'église, nous fûmes accostés
par deux enfants de dix à douze ans, fille
et garçon ; nous avions épuisé notre monnaie et nous répondîmes par un refus. Ils
ne nous abandonnèrent pas. Nous entrâmes
au palais épiscopal ; après une visite d'une
heure, nous les retrouvâmes à la porte, ils
nous attendaient. L'un d'eux parlait seul,
mais aussitôt qu'il se taisait, l'autre reprenait, et cette prière uniforme répétée
sans cesse, sur un ton de psalmodie,

était la chose la plus agaçante que l'on puisse imaginer. Ils nous accompagnèrent jusqu'à l'hôtel, où une voiture nous attendait pour nous ramener au chemin de fer.

BOLOGNE.

XXIX.

Le jour où j'arrivai à Bologne, la ville était en grand émoi, le Parlement venait de voter la loi sur le macinato (la mouture des grains); les ennemis du gouvernement avaient envoyé des émissaires auprès des cultivateurs, pour leur persuader que, s'ils allaient au marché, leurs marchandises seraient saisies en vertu de cette loi ; les uns étaient restés chez eux, les autres avaient rebroussé chemin, de sorte que, pendant plusieurs jours, la ville se trouva affamée. On faisait queue chez les boulangers, le mécontentement faisait craindre une émeute ; de nombreuses patrouilles, fortes de quinze à vingt hommes, parcouraient les rues, des pourparlers avaient lieu à l'Hôtel-de-Ville ; enfin, les frayeurs se calmèrent et tout rentra dans le calme accoutumé.

Je pus, en cette circonstance, observer que les gendarmes remplissaient le rôle attribué, en France, aux officiers de paix ; il y en avait un en tête de chaque patrouille, elle semblait marcher sous sa direction.

Bologne, est le chef-lieu des Romagnes, elle appartenait aux Etats du pape, et fut réunie au royaume d'Italie, après la prise d'Ancône. Cette ville, considérable, puisqu'elle compte 75,000 habitants, 130 églises, 25 couvents et une Université renommée, est souvent agitée ; c'est l'un des centres où l'opinion républicaine est le plus en-faveur. Mais tous les républicains de Bologne le sont-ils bien sincèrement ? N'y a-t-il pas parmi eux de faux frères, qui affichent des opinions avancées pour exploiter de jeunes et franches intelligences au profit d'un retour vers le passé?

Je m'étonne que dans cette ville papale, à peine sortie des liens de l'Eglise, le parti républicain trouve des éléments si puissants, à moins que ce ne soit le cas d'appliquer le principe, que plus grande a été la pression, plus grande est la réaction.

Je n'oserais émettre un avis sur cette grande question, laissons au temps le soin de la résoudre.

Bologne est une belle ville, la grande place Victor-Emmanuel a d'un côté la large façade non achevée de San-Pétronio, à gauche le palais du Podestat, bel édifice à visiter, en face et à droite de belles galeries livrées au commerce. Près de l'une d'elles on remarque une fontaine, surmontée de la statue en bronze de Neptune, œuvre de Jean de Bologne, fondue en 1564. Son poids dépasse 10,000 kilogr., elle coûta 70,000 écus d'or; derrière l'église s'étend le portique dei Banchi, garni de magasins et boutiques d'objets de luxe.

Cette ville a conservé l'ancienne coutume de galeries couvertes le long des rues, de sorte qu'en temps de pluie ou de grand soleil on est à l'abri.

L'église de San-Petronio est très remarquable par ses formes puissantes et hardies, elle est à l'intérieur décorée d'une foule de sculptures et de peintures, la plupart sans intérêt.

Dans la chapelle Bacciochi se trouvent les monuments de cette famille, dont l'un des membres avait épousé Élise Bonaparte, sœur de Napoléon Ier.

En 1653, l'astronome Cassini posa la ligne du méridien sur le pavé de l'église.

L'empereur Charles-Quint y fut sacré le 24 février 1530, par le pape Clément VII, sous le baldaquin du chœur; ce fut le dernier empereur d'Allemagne couronné en Italie.

Saint-Pierre, où la cathédrale, a une très large nef à voûte en berceau, elle n'a rien de remarquable, quelques tableaux isolés en forment les principaux ornements. Parmi toutes les autres églises, quelques-unes seulement méritent d'être citées, notamment celles de Saint-Dominique et Saint-Jacques-le-Majeur. Dans la première, le cercueil en marbre blanc du saint fut placé, en 1267, au-dessous de l'autel de la chapelle Saint-Dominique. L'ange agenouillé et saint Petronius sont de Michel Ange. La coupole a été peinte par Guido Reni. La seconde possède d'excellents tableaux, entre autres la Vierge à la ceinture, de Francia, très remarquable, une Madone du même auteur, plusieurs œuvres de L. Carrache. Derrière cette église est l'oratoire de Santa-Cecilia. Cette longue chapelle, autrefois décorée de peintures magnifiques, de fresques des deux Francia, en offre encore de beaux restes.

Devant l'église San-Bartolommeo s'élèvent deux tours sans ornement, dont l'une, de 42 mètres, est penchée de 2 mètres 1/2 à l'est et de plus d'un mètre au sud, selon des calculs établis en 1792. On assure que depuis cette époque elle a encore plus dévié de la ligne verticale, elle se nomme Garisenda; elle date de 1110. Non loin d'elle est la tour Asinelli, construite en 1109, et haute de 83 mètres, elle s'est enfoncée dans le sol et s'incline de plus d'un mètre. Un escalier de 447 marches conduit à la plate forme.

Ici, il est évident que ces inclinaisons sont dues à la dépression du terrain; cependant la solidité de ces monuments n'en a pas souffert, sept siècles écoulés l'attestent suffisamment.

L'Université est une des plus célèbres d'Italie, et quoi qu'elle soit bien déchue de son ancienne splendeur, elle compte encore plus de cinq cents élèves. On y enseigne, non-seulement les lettres et les sciences, mais encore la médecine et le droit. On assure que vers 1250 elle comptait jusqu'à dix mille étudiants. Ce fut à Bologne que l'anatomie du corps humain fut pour la première fois enseignée. Le galvanisme y fut découvert en 1789 par Joseph Galvani.

On plaisante de nos jours la prétention de quelques femmes d'apprendre et d'enseigner les sciences jusqu'ici réservées aux hommes, cependant, dès le xiv° siècle, Novella d'Andrea professait à la faculté de Bologne, elle était, dit-on, d'une rare beauté, et pour ne pas distraire les regards de ses auditeurs, elle se tenait derrière un rideau pendant ses leçons. Laure Bassi y enseigna les mathématiques et la physique, Mme Manzolina l'anatomie, et récemment Clotilde Tambroni y occupait une chaire de Grec.

La bibliothèque, riche de plus de 200,000 volumes, classés dans un ordre parfait, est très fréquentée; on voit avec plaisir cette ville de science faire tous ses efforts pour maintenir sa vieille réputation.

Le savant Joseph Mezzofanti, professeur de langues orientales à l'Université, dont il était aussi bibliothécaire, fut nommé cardinal en 1838, par le pape Grégoire XVI;

il mourut à Naples en 1849. Ce célèbre linguiste parlait facilement dix-huit langues à l'âge de 36 ans, il en parlait quarante-deux lorsque la mort vint interrompre le cours de ses travaux.

Quel malheur que tant de labeur et de persévérance soient perdu.

Nous devons aussi dire en passant que l'Université est établie dans le beau palais Cellesi, dont la cour est généralement admirée.

Si Bologne est riche en établissements littéraires et scientifiques, son Académie des Beaux-Arts ne le cède en rien aux plus belles de l'Italie. On y trouve des tableaux de presque tous les maîtres : Fr. Francia, une des gloires bolonaises, y a laissé de beaux souvenirs. Le Tintoret, Annibal Carrache, Guerchin, Giotto y sont représentés par de belles compositions; mais la perle de la collection est sainte Cécile en extase avec saint Paul, saint Jean l'Evangéliste, saint Augustin et sainte Marie-Madeleine. Ce magnifique tableau de Raphaël avait été peint pour la chapelle de la famille Bentivogli, dans l'église de Saint-Jean-du-Mont, où on en voit encore une copie. Rien n'est plus expressif, plus suave, plus extastique que la figure de la sainte, on ne se lasse pas d'admirer cette œuvre splendide. Placée au milieu du panneau de muraille formant le fond de la galerie, le visiteur est entraîné malgré lui à se retourner souvent pour jouir encore de sa vue. Si importante que soit cette œuvre remarquable, elle ne doit pas faire oublier un auteur aimable entre tous et dont les peintures sont toujours pleines de charme et d'attrait, Guido Reni. La même galerie possède de lui la Madone della Pieta avec cinq figures de saints; le Crucifiement, chef-d'œuvre décorant autrefois le maître-autel du couvent des Capucins; Samson, vainqueur des Philistins; la Madone au Rosaire, peinte sur soie, enfin le Massacre des Innocents.

Le Dominiquin est représenté par une mort de saint Pierre et par le martyre de sainte Agnès, tableau des plus remarquables ; les Carrache, l'Albane, Vasari et une foule d'autres, ont aussi de belles pages dans cette galerie.

Sur une colline en dehors de la ville est l'église de la Madone de Saint-Luc, magnifique édifice précédé d'un vestibule donnant accès à un portique de 635 arcades, long de près de deux kilomètres, d'où la vue s'étend des Apennins à l'Adriatique.

VENISE.

XXX.

Nous voici aux confins de la terre ferme; devant nous apparaît une immense raquette, dont un pont de 168 arches, établi sur la lagune, forme le manche. C'est Venise. Le convoi s'engage sur cette voie entourée d'eau, et ralentissant un peu sa marche, la traverse en six à sept minutes; nous arrivons en gare, chacun se hâte de descendre et de courir chercher quelque véhicule pour arriver au centre de la ville.

Les indicateurs parlent d'omnibus, une

dame près de nous voulait absolument qu'on lui indiquât où était la station. Vainement on s'efforçait de lui montrer trois ou quatre grands bateaux placés au bord du canal, elle voulait un omnibus, un vrai, avec chevaux et conducteur. Mais à Venise, le cheval est un mythe, il n'y en a pas ; on ne peut y en voir d'autres que ceux de saint Marc, mais ils sont en bronze et de peu d'utilité pour les voyageurs.

L'omnibus est tout simplement un grand bateau pouvant contenir une vingtaine de personnes avec leurs bagages ; quand il est chargé, il part et va de canal en canal déposer les voyageurs à la porte de leur hôtel, car la station du chemin de fer aboutit au grand canal, qu'il faut d'abord traverser pour arriver en ville.

Le plus sage est de laisser là l'omnibus flottant et de prendre une gondole pour se rendre plus vite à destination.

Il serait bien impossible, même au voyageur le plus expérimenté, de dire par quel chemin il passe pour arriver à son hôtel ;

la gondole a bientôt quitté le grand canal pour entrer dans une série de petits canaux se ressemblant tous. Après avoir navigué dans toutes ces ruelles pendant assez longtemps, on se retrouve dans le grand canal, puis encore dans de petits, enfin l'on débouche près du Mole à l'entrée du vaste canal Saint-Marc. La gondole va se ranger entre les quatre poteaux de l'hôtel indiqué, et plusieurs messieurs, en habit noir, viennent vous offrir la main pour mettre pied à terre, vous êtes arrivé.

Pour l'étranger, ce n'est pas la chose la moins étonnante que cette course à travers les canaux, les gondoles qui se croisent, et si le hasard fait arriver la nuit, on se demande si le gondolier vous mène bien à l'hôtel ou si quelques bravi ne vont pas sortir d'une de ces portes basses et sombres devant lesquelles on passe à chaque instant, pour vous prier d'y rentrer avec eux, dussiez-vous n'en pas sortir.

Les cris des bateliers augmentent la surprise, chaque fois qu'ils approchent de l'embouchure d'un canal, ils font entendre un son guttural qui, suivant la manière dont il est émis, signifie « prenez garde, je suis là, je vais passer droit ou je vais tourner. » Leur adresse est d'ailleurs surprenante. Les gondoles ont une longueur démesurée, on ne croirait pas qu'elles puissent passer d'un canal dans l'autre et tourner dans ces voies étroites, présentant souvent des angles aigus; elles y parviennent cependant, mais ce n'est qu'aux dépens de la vitesse. Dans l'intérieur de Venise, un homme à pied irait beaucoup plus vite que la gondole, mais c'est la voiture du pays, il faut s'en servir. Son usage est d'ailleurs assez commode, il n'y a pas besoin de préparatifs, chaque propriétaire aisé a sa gondole devant sa maison; veut-on en prendre une de louage? on en trouve à tous les quais, à chaque pont, au tournant des rues, on n'en manque jamais. Les gondoliers sont d'une complaisance excessive et fort polis, ils laissent sur leur gondole la felse ou la retirent suivant le désir des voyageurs. La felse est une espèce de capot qui, s'adaptant aux banquettes du milieu, forme une chambre dans laquelle on peut s'enfermer et voyager dans le plus complet incognito.

L'aspect de la gondole est sérieux, quoiqu'elle coure sur l'onde avec une grande rapidité, lorsque rien n'entrave sa marche. Sa couleur uniformément noire, ses rameurs placés à l'arrière, la felse mystérieuse qui la couvre, l'espèce de hache menaçante qui décore sa poupe et semble un sombre souvenir de la justice des Dix, tout contribue à lui donner un aspect triste; cependant sa forme est élégante et svelte, le premier tiers de sa coque pose à peine sur l'eau, elle lève coquettement la tête; en somme elle est charmante, on se sent attiré vers elle et c'est un plaisir toujours nouveau pour les étrangers de la voir voguer rapidement sur les délicieuses lagunes et entre les îles verdoyantes qui s'y trouvent parsemées.

A peine arrivé, le voyageur se dirige en toute hâte vers Saint-Marc, la grande et la petite place, on cherche le lion, les chevaux du fameux quadrige, et l'on arrive sur la place où se trouvent le mouvement, le centre, la vie de Venise. Dans le langage du pays, elle a seule l'honneur de porter le titre de place, Piazza, les autres s'appellent Campi. Elle est longue de 175 mètres, large à l'est de 82 mètres et à l'ouest de 57 mètres, elle est entièrement dallée de plaques de granit et de marbre; elle est bornée de trois côtés par des édifices magnifiques, construits en marbre que le temps a noirci. Ces bâtiments uniformes rappellent le Palais-Royal de Paris; on les nomme les Procuraties parce qu'ils servaient de demeure aux principaux fonctionnaires de la République, à ces célèbres procurateurs, longtemps les dominateurs de ces mers.

La façade de l'église Saint-Marc se développe sur le quatrième côté.

Dans la partie sud de ces immenses bâtiments, sont des appartements destinés au séjour du roi, ils sont gardés par des domestiques à sa livrée, c'est un Palais Royal. Quelques administrations existent encore dans les bâtiments voisins, le reste est habité par des particuliers. Sous ces habitations règne une large galerie à arcades, fort commode dans les heures de pluie ou de soleil. C'est là que se trouvent les cafés, les marchands de gravures et de photographies, les orfèvres et marchands de bijoux de l'industrie locale; la foule s'y promène constamment. Certains jours, la musique vient jouer vers le milieu de la place, la multitude est encore considérable, et lorsque ces concerts ont lieu dans l'après-midi, alors que le soleil ne rend plus les dalles brûlantes et que l'air de l'Adriatique vient rafraîchir l'atmosphère, la promenade y est délicieuse. A l'extrémité de la place, vers l'église, s'élèvent majestueusement trois hauts mâts de cèdre, placés dans des candélabres de bronze, en 1505, pour porter les bannières des royaumes de Chypre, de Morée et de Candie, en mémoire de leur soumission à la République.

Ces trois mâts portent aujourd'hui des oriflammes aux couleurs de l'Italie; leur aspect est très majestueux.

Nous pourrions philosopher ici sur l'inconstance des choses de ce monde et raconter comment ces mâts, dressés par les vainqueurs, pour célébrer la défaite de leurs ennemis, ont, depuis 300 ans, porté tour à tour les bannières autrichiennes, françaises, puis autrichiennes, puis encore françaises, puis le drapeau de la République pour venir se fondre dans le royaume de l'Italie unie et en présenter les couleurs aux regards de la foule, mais ce serait trop nous écarter de notre sujet, et je reviens à notre grande place examiner la Tour de l'Horloge, élevée au-dessus d'une porte en forme d'arc de triomphe, conduisant à la rue Merceria, la plus populeuse, la plus fréquentée et la plus large de la ville, quoiqu'elle ait à peine 2 mètres.

Le cadran de l'horloge, très large, porte deux séries de douze heures, l'une commençant au haut du cadran et descendant jusqu'à l'endroit occupé habituellement par le numéro 6, l'autre recommençant à ce point et remontant vers le haut pour placer son chiffre 12 à midi. Au-dessus est une petite boîte dans laquelle tourne à chaque quart-d'heure un carton indicatif de la division qui va sonner; le cadran et ce carton sont éclairés la nuit.

Sur la plate-forme de la tour est une forte cloche sur laquelle deux forgerons sonnent les heures en frappant avec de gros marteaux. Le mécanisme intérieur ne manque pas d'intérêt.

En face de cette tour et en avant de l'église s'élève le clocher de Saint-Marc, haut d'environ 100 mètres et entièrement isolé. On y monte par une rampe facile et commode, et on trouve un poste d'observatoire établi dans le haut. Le gardien explique la magnifique vue dont on jouit en cet endroit.

Les Vénitiens vantent beaucoup ce clocher, je ne sais si je me trompe, mais il ne me paraît, à aucun titre, mériter tant d'amour. En lui-même, il est sans intérêt ; c'est une masse carrée, sans ornement, ayant le tort très grave de masquer une partie de l'église, la porte du palais des Doges et l'entrée délicieuse de la Piazzetta. Il raccourcit la place et paraît d'autant plus lourd qu'il fait suite aux trois mâts vénitiens aux formes si légères et si élancées. Il faut cependant demander grâce pour la loggetta, façade décorative de l'ancienne entrée de la tour, dont les portes en bronze rivalisent avec celles du baptistère de Florence, et les statues de la Paix, d'Apollon, de Mercure et de Pallas qui, avec le bas-relief de Sansovino, forment un ensemble des plus gracieux.

Mais il serait facile d'employer ailleurs cette charmante composition et de débarrasser la place de cet inutile clocher qui lui nuit.

Si la foule des promeneurs encombre la place aux heures du soir, dans le jour, une foule de pigeons très exacts à l'heure du rendez-vous, s'y rendent pour recevoir la nourriture que la municipalité généreuse leur fait distribuer, c'est encore un souvenir de victoires. Au xiiie siècle, l'amiral Dandolo assiégeait Candie ; il avait trouvé le moyen de communiquer avec l'île par des pigeons, les correspondances apportées par ces messagers ailés, lui facilitèrent la victoire ; en reconnaissance, il les envoya à Venise avec la nouvelle du succès. Le Sénat décida qu'eux et leurs descendants seraient nourris aux frais de la République, ce qui se fait encore avec une religieuse exactitude. Ajoutons que le peuple est plein de vénération pour ces intéressants animaux et réserverait un mauvais parti à ceux qui leur feraient du mal.

Ce n'est pas sans une grande hésitation que j'aborde Saint-Marc, je ne sais comment exprimer ma pensée, ce sera l'objet de ma prochaine lettre.

XXXI.

Je croyais trouver la célèbre cathédrale, grande, élevée, imposante à l'extérieur comme à l'intérieur, parée de tous les ornements dont les arts sont prodigues, et voir un de ces monuments qui, dès le premier coup-d'œil, imposent l'admiration.

J'avais bien vu, dans les tableaux ou les gravures des portiques bas, des dômes byzantins; mais je pensais que tout cela se rattacherait par quelques parties aux constructions latines d'une époque ou d'une autre. En arrivant sur la grande place, je fus tout surpris de trouver une immense façade, à cinq larges portes, ouvrant sur un péristyle sombre, bas, dont le dallage avait perdu, depuis longtemps, la forme plane. Les dômes s'élèvent à peine plus haut que le palais des Doges, l'ensemble a l'air écrasé, on croirait que le sol s'est entr'ouvert et que l'édifice s'y est enfoncé de quelques mètres.

On a beaucoup de peine à s'habituer à cet aspect étrange dont on ne trouve dans nos contrées, aucun similaire. Je puis vous signaler tout de suite une autre bizarrerie: Le fameux quadrige de bronze doré, considéré pendant longtemps comme un des plus beaux ouvrages de la statuaire grecque, décore la façade de l'église; il est placé au-dessus du portail principal et fait face à la place. On se demande pourquoi des chevaux grecs ou romains font partie de la décoration d'un temple byzantin consacré au culte catholique. Il est difficile de trouver rien de plus extraordinaire que ces chevaux placés à la hauteur d'un second étage au-dessus de la porte d'une cathédrale.

Les savants assurent aujourd'hui que ce quadrige a dû orner à Rome l'arc de triomphe de Néron, puis celui de Trajan. Lorsque Constantin fonda l'empire d'Orient, il les fit transporter à Constantinople; plus tard, le doge Dandolo les envoya à Venise, en 1204, et Bonaparte, vainqueur, les expédia, en 1797, à Paris, où ils furent placés sur l'arc de triomphe du Carrousel. En 1815, l'empereur d'Autriche les fit reporter à Venise, espérons qu'ils y resteront enfin, et continueront à faire l'ornement de la ville qui les possède par droit de conquête, depuis plus de six siècles.

Aucune église ne contient autant de mosaïques que Saint-Marc : Sur la façade est le Jugement dernier, l'Embarquement du corps de Saint-Marc à Alexandrie et son débarquement à Venise, œuvre de 1660, l'Adoration du saint et l'église elle-même, qui va recevoir ses dépouilles mortelles; plus haut, quatre mosaïques du xvii° siècle, une Descente de croix, le Christ aux portes de l'Enfer, la Résurrection et l'Ascension.

Sous le parvis d'entrée occupant toute la largeur de l'église, les mosaïques sont répandues à profusion sous les arceaux. Les plus anciennes remontant au xii° siècle, représentent des sujets tirés de l'Ancien-Testament; les mosaïques modernes font connaître le Nouveau-Testament. Au milieu, est saint Marc, composé en 1545, d'après le Titien. Trois chapiteaux de colonne proviennent, dit-on, du temple de Jérusalem. Trois dalles rouges ont été incrustées dans la pierre pour rappeler la réconciliation du pape Alexandre III et de l'empereur Frédéric Barberousse, par l'entremise du doge Ziani. Suivant la tradition, l'empereur agenouillé, aurait dit au pape : « Ce n'est pas à toi, c'est à saint Pierre que je rends hommage, » à quoi le pape aurait répondu « à saint Pierre et à moi. »

L'intérieur de l'église est long d'environ 75 mètres et large de 50 ; la voûte se compose de deux coupoles surbaissées et de l'abside du chœur ; deux autres petites coupoles sont au-dessus des bras de la croix ; le dallage en mosaïque, affaissé en plusieurs endroits, présente d'assez fortes ondulations pour que l'on puisse facilement glisser et tomber. Quelques panneaux de la mosaïque ont été détruits et remplacés par de larges plaques de marbre. La plus ancienne mosaïque de l'église, datant du

11ᵉ siècle et représentant le Christ, la Vierge et saint Marc, est placée au-dessus de la porte. A droite et à gauche du jubé sont deux chaires en marbre de couleur. Le haut du transept est décoré de mosaïques, le jubé porte quatorze statues, la Vierge saint Marc et les douze apôtres. Des deux côtés du chœur, sont six bas-reliefs de bronze, par Sansovino; sur les stalles du chœur, les quatre Evangélistes en bronze et quatre Pères de l'église.

Quatre colonnes en marbre richement sculptées, soutiennent le baldaquin de vert antique couvrant le maître-autel. Derrière celui-ci, et comme en formant le fond, est un grand tableau composé de quatorze compartiments peints à l'huile, il en recouvre un autre appelé la *pàla d'oro*, peint en émail sur plaques d'or et d'argent, incrusté de pierres précieuses, de perles fines, de camées; on ne le découvre que les jours de grande fête; lorsqu'il est éclairé par la lueur des cierges et des lampes, il jette des feux resplendissants.

Cette œuvre rare fut confectionnée à Constantinople en 1100.

Dans le fond du chœur est un autre autel avec quatre colonnes d'albâtre provenant, dit-on, du temple de Salomon; les deux toutes blanches sont transparentes.

Les jours de grande fête, on place devant l'autel un magnifique candélabre en argent, haut d'environ deux mètres, d'un travail exquis, sculpté et ciselé.

Près de l'autel du fond est une porte en bronze, travaillée avec un art infini, par Sansovino. Elle lui coûta, dit-on, vingt ans de labeur. La sacristie est ornée de belles mosaïques, de bahuts de bois incrusté, de bas-reliefs de bronze.

Dans la chapelle Saint-Clément, riche de sculptures, on retrouve deux grands candélabres en bronze d'un très beau travail.

Une petite porte fait passer dans la chapelle des fonts baptismaux, sombre, obscure même, à ne pas voir les objets qui la garnissent; cependant il en est de curieux. Un grand bassin de marbre avec un couvercle en bronze, richement sculpté, est au milieu; sur le couvercle est une belle statue de saint Jean. Contre le mur est une tête de saint Jean-Baptiste, et au-dessous une pierre sur laquelle il fut décapité, dit-on. Au fond est le trésor de l'église; on y voit entr'autres choses, un vase de cristal contenant du sang du Sauveur, un morceau de la colonne de la Passion, une partie du crâne de saint Jean, des inscriptions de Persépolis, l'épée du doge Morosini, un trône épiscopal du viie siècle, ayant servi à saint Marc.

A gauche, contre un pilier de la nef, est un Christ entouré de six colonnes remarquables en porphyre; deux de ces colonnes noires et blanches sont très rares. Au milieu de la nef, à l'entrée, est suspendu une croix quadruple en cuivre ciselé, elle paraît d'un très beau travail et s'accorde bien avec le reste de l'église. Les jours de fête, elle est illuminée. Vous me demanderez ce que j'entends par une croix quadruple: je veux dire d'abord une croix double ou deux croix placées l'une devant l'autre à 15 centimètres de distance, puis une autre croix double, croisant celle-ci de telle façon que de quelque côté qu'on voie ce joyau, on aperçoit toujours une croix.

Toutes les voûtes de l'intérieur de l'église, des cintres entre les piliers, d'une galerie extérieure et du parvis sont ornées de mosaïques grecques ou byzantines; c'est d'une richesse incroyable.

De tous côtés à l'intérieur, on voit des galeries, des escaliers, de petites portes, des frontons échancrés. 500 colonnes de marbre, presque toutes apportées de la Grèce ou du Levant, font de Saint-Marc un monument plus pittoresque que grandiose; ce n'est pas une mosquée, quoique les architectes se soient évidemment inspirés de Sainte-Sophie, et il faut une volonté robuste pour y voir une église chrétienne. C'est plutôt un magasin de curiosités dans lequel on a réuni tout ce que les pays conquis par Venise contenaient d'intéressant.

L'attention y est à chaque instant détournée de la prière; on regarde, on ne médite pas; tant d'objets de rare valeur frappent les yeux, que la foule se souvient à peine qu'elle est dans un temple. Si on pouvait démolir Saint-Marc et en apporter chaque pièce à Paris, on en obtiendrait des sommes fabuleuses, peut-être moins grandes encore que celles dépensées pour les réunir.

Près de l'église, en allant au Palais des Doges, on remarque deux curieux bas-reliefs de porphyre : quatre personnages drapés, l'épée au côté, s'embrassent deux à deux. On suppose qu'ils représentent la réconciliation de deux empereurs; ils ont été rapportés de Ptolémaïs au temps de la splendeur de Venise.

La Piazzetta, ou petite place, va de la Piazza au Mole, où se trouvent les deux colonnes de granit si connues, dont l'une porte le lion ailé de Saint-Marc et l'autre Saint-Théodore, ancien patron de Venise, monté sur un crocodile. Le bâtiment de droite, faisant angle droit aux Procuraties de la grande place est occupé par la bibliothèque; sa construction est très remarquable. De l'autre côté est le Palais des Doges, édifice construit en 800, reconstruit après le dernier incendie au xive siècle, en style gothique mauresque, au moins à partir du premier étage. C'est du balcon placé au milieu du bâtiment que les chefs de la ville haranguaient le peuple.

La même décoration se retrouve dans la partie du palais, située sur le Mole; deux galeries à ogives superposées, supportées par 107 colonnes, l'entourent. Entre la neuvième et la dixième colonne du second rang est une fenêtre d'où, sous la République, on proclamait les sentences de mort.

En face de la porte d'entrée, est l'escalier des Géants, ainsi nommé des deux statues colossales de Mars et de Neptune, placées aux angles du palier. C'est à cet endroit qu'avait lieu le couronnement des Doges.

Au pied de cet escalier ou plutôt de celui

qu'il a remplacé, s'éleva l'échafaud ou Marino Faliero, âgé de plus de quatre-vingts ans, subit la peine de mort, le 17 avril 1355, pour avoir trahi la patrie.

Des historiens assurent que son seul crime avait été de tenter de détruire le pouvoir de cette oligarchie haineuse et jalouse, qui gouvernait Venise, l'oreille ouverte aux dénonciations et la main dans le sang. Grand crime, en effet, de chercher à détruire le pouvoir concentré dans quelques familles, exercé tour à tour par l'une d'elles, ne se soutenant que par la violence et la délation, occupant toutes les places, tous les emplois, étant ainsi juge et partie, condamnant ceux qu'elle-même avait accusés. Ils appelaient cela une République! oui, République pour quelques-uns, pour l'aristocratie, inscrite au livre d'or; mais absolutisme et oppression pour tous les autres.

Au haut de cet escalier, règne tout le long du bâtiment un large corridor dans lequel on voit un grand nombre de bustes d'artistes, de savants, de doges. Le premier escalier est appelé *la scala d'oro*; les nobles seuls, inscrits au livre d'or, avaient le droit d'y monter. Près de là, un étroit corridor conduit au Pont-des-Soupirs, élevé sur le canal della Paglia, pour faire communiquer une vaste prison située en face avec le Palais des Doges. Le nom de ce triste pont indique assez le sort qu'attendait ceux qui le traversaient, il était rare qu'ils y revinssent; un escalier secret les conduisait aux cachots souterrains, le canal seul aurait pu dire ce qu'ils étaient devenus.

C'est une triste chose que ces cachots: après avoir descendu un escalier de pierre, long et étroit, on arrive à un corridor privé de lumière, froid, humide, dans lequel se trouvent cinq à six portes, ayant à peine 1 mètre 30 d'élévation; elles mènent à autant de cachots où les prisonniers étaient enfermés, ayant pour tous meubles, un peu de paille et pour société la vermine qui les tourmentait. On voit encore les anneaux où étaient attachés des instruments de torture et la place où un billot de pierre servait à l'exécution des condamnés ; une rigolle faisait couler le sang au canal, et une gondole cachée dans une crique souterraine, recevait le corps pour le transporter au large. C'est là que Marino Faliero, malgré son grand âge, a reposé ; que Carmagnole, général toujours heureux de la République, passa ses derniers jours avant de monter à l'échafaud, parce qu'une fois, la victoire l'avait abandonné. C'est encore là que séjourna Sylvio Pellico, avant d'être transporté au Spielberg. Ce qui inspira la généreuse et poétique indignation de lord Byron, dont quelques mots se voient encore sur le mur.

Que vous dirai-je de plus de ces lieux d'horreur, témoins de tant de douleurs et de crimes? Leur description, bien incomplète, suffit pour les faire apprécier. Une dame qui nous accompagnait dans cette sombre visite, en fut tellement troublée, qu'elle faillit se trouver mal et ne put manger le reste du jour, ni dormir la nuit.

Ce palais contenait encore d'autres prisons célèbres, les plombs de Venise; elles ont été détruites, et l'on ne peut juger ce qu'elles étaient, qu'en se rendant compte de la chaleur affreuse que devaient éprouver les malheureux placés sous des toits brûlants où l'air ne venait jamais les rafraîchir.

Au deuxième étage, est la salle de la Boussole, servant jadis d'antichambre aux trois inquisiteurs d'Etat; une tête de lion en marbre, placée près de la porte, montrait une gueule béante, destinée à recevoir les dénonciations anonymes. Près de là était la salle du Conseil des Dix, où chaque membre siégeait, enveloppé d'une large robe avec un masque sur la figure, de manière à ce que les juges eux-mêmes ne se reconnussent pas et pussent voter en secret. C'est un sombre souvenir que celui qui rappelle tout ce qui entourait ce sinistre Conseil; laissons-le bien vite et revenons aux beaux-arts, ils consolent toujours de la méchanceté des hommes.

Les anciens appartements de réception sont magnifiquement décorés, l'école vénitienne y brille de tout son éclat ; on ne voit que tableaux de Paul Véronèse et du Tintoret; le Titien, Jean Contarini, Carletto, Cagliari, Palma-le-Jeune, ont prodigué leur pinceau pour la décoration de ces salles, Sansovino y a laissé des traces de son ciseau habile, et Palladio a donné les dessins de plusieurs portes brillamment exécutés.

Au premier étage, la salle du grand Conseil mérite une mention spéciale, elle contient vingt-un grands tableaux de Bassan, du Tintoret et de Paul Véronèse, tous très remarquables, malgré leur origine officielle, car tous avaient été commandés pour célébrer et perpétuer la mémoire des victoires de Venise.

Le côté Est se trouve entièrement couvert par le plus grand tableau à l'huile qui existe dans le monde entier ; il représente le Paradis, et montre une multitude de figures d'anges, de saints, de bienheureux, à s'y reconnaître difficilement; il est dû au pinceau de J. Tintoret.

La frise contient les portraits de tous les doges, jusqu'à Louis Manin qui fut le dernier, et ne déposa le pouvoir qu'après l'invasion des Français, en 1797.

A la place que devait occuper le portrait de Marino Faliero, est un voile noir avec ces mots : « Décapité pour ses crimes. »

Deux ou trois salles voisines contiennent encore de bons tableaux, pour la plupart malheureusement abîmés par l'humidité.

C'est dans la grande salle que se réunissaient en assemblée souveraine les nobles inscrits dans le livre d'or. En 1848 et 1849, les députés s'y assemblèrent à l'époque de la dictature de Manin, petit-fils du dernier des doges. Ce fut là que la résistance fut résolue, et Venise subit avec résignation un siége de quinze mois, dans lequel plus de 20,000 Autrichiens périrent. La ville fut obligée de se rendre, mais quel succès pour le vainqueur! jamais la population ne s'est mêlée aux envahisseurs, les Autrichiens avaient leur café sur la place Saint-Marc, pas un Vénitien n'y entrait, et vingt ans après, ils ont remis cette ville qui leur avait coûté si cher, sans leur produire rien autre chose que la haine la plus invétérée.

Sous la domination autrichienne, Venise avait constamment perdu de son importance, elle commence à la reprendre; sa population réduite un moment à 96,000 habitants, en compte maintenant plus de 125,000. Encore quelques années de calme et de liberté, et Venise aura reconquis une partie de son importance d'autrefois.

XXXII.

L'Académie des Beaux-Arts est presque exclusivement consacrée aux tableaux de l'école vénitienne, cependant la première salle contient d'anciennes peintures fort remarquables. Dans la seconde salle, une magnifique Assomption de la Vierge du Titien mérite toute l'attention; on a placé l'un près de l'autre le commencement et la fin de la carrière artistique du même peintre, c'est-à-dire la Visitation, son premier tableau, et la Mise au Sépulcre, son dernier. Ce ne sont pas les meilleurs ouvrages de cet artiste laborieux et fécond, dont le pinceau a produit tant de chefs-d'œuvre.

Le Saint-Marc du Tintoret et la femme adultère de Bonifacio sont aussi des œuvres hors ligne.

Vingt salles contiennent un grand nombre d'excellents tableaux de Bellini, Palma-le-Jeune, Bonifacio, Palma-le-Vieux, Titien, Paul Véronèse, Tintoret, Pordenone, Cranach, Schiavone, Mantagna, le Bassan, Pierre de Cortone, Bordone, Canaletto.

Le modèle original d'un groupe d'Hercule et de Lychas, de Canova.

Nous avons vu avec surprise, dans cette belle collection, deux tableaux de Callot, le peintre burlesque des misères ou des fêtes populaires: l'un représente le marché d'Impruneta près Florence, l'autre le Pont-

Neuf à Paris. Ces deux tableaux, parfaitement réussis, font honneur à la verve de l'auteur.

Deux collections particulières, celle de M. Contarini et celle de M. Renier sont venues ajouter quelques joyaux aux trésors du Musée.

Venise possède encore quelques galeries particulières, dont le nombre diminue chaque jour; les bons tableaux que quelques palais possédaient ont été vendus pour des collections publiques ou envoyés tout simplement à la chambre des commissaires-priseurs à Paris.

Venise possède 90 églises ou chapelles, parmi lesquelles il s'en trouve quelques-unes dignes d'un sérieux examen.

On peut faire ici l'observation générale à toutes les églises d'Italie: les richesses lapidaires y abondent, les autels sont en mosaïque de pierres dures, les marbres y sont prodigués, la statuaire et la peinture ont fourni une large matière d'ornementation.

Santa Maria Gloriosa Dei Frari est une des plus remarquables. Au milieu d'une multitude de tombeaux du plus grand mérite, on remarque à gauche celui du Titien, érigé par l'empereur Ferdinand Ier, en 1839. Le Titien assis au milieu, entre quatre colonnes, soulève le voile de l'immortalité. Quatre figures représentent la Peinture, la Sculpture, l'Architecture et la Religion. On n'a pas cru pouvoir mieux honorer le talent du vieux peintre qu'en reproduisant sur le marbre trois de ses meilleurs tableaux. Il est entouré de ses chefs-d'œuvre reproduits dans d'élégants bas-reliefs de marbre blanc. Ce mausolée, d'une grande importance, est magnifique de composition et d'exécution.

En face est le tombeau de Canova : le célèbre artiste, que l'inscription appelle le prince des sculpteurs de son temps, couvert d'un suaire, se dirige, grave et impassible vers la porte ouverte du tombeau ; une force invisible semble l'entraîner malgré les pleurs des génies et des artistes dont il est entouré.

Ce splendide monument rappelle le non moins beau mausolée élevé au maréchal de Saxe dans un temple de Strasbourg; là, comme à Venise, l'illustre guerrier descend au tombeau ouvert au pied d'un large escalier, sans paraître ému, malgré les prières et la résistance de la Gloire, de la France et de nombreux guerriers qui semblent vouloir le retenir au moment où il va quitter la terre.

Puis viennent les splendides tombeaux de Jacques Marcello, supportés par des cariatides, ceux des doges Nicolas Tron et Foscari; le mausolée du doge Jean Pesaro, magnifique monument d'architecture avec des statues de nègres et beaucoup d'autres.

L'église des Jésuites, jolie façade du xviiie siècle, surmontée de plusieurs groupes de statues, est à l'intérieur entièrement revêtue de marbre blanc, incrusté de vert antique en arabesques imitant les dessins indiens, travail très long, très coûteux et peu digne d'un temple religieux. Cette église possède un magnifique tableau d'autel du Titien, le martyre de saint Laurent, c'est une des plus belles compositions du maître.

L'église San Giorgio Maggiore, construite sur une petite île en face de la Piazzetta, par Palladio, a une jolie coupole, de bons tableaux du Tintoret, et de fort beaux marbres. L'autel principal porte un groupe en bronze doré, composé d'un globe terrestre sur lequel est Dieu le Père, entouré des quatre Evangélistes et de deux anges.

Devant l'autel sont deux candélabres en bronze, magnifiquement ciselés. Dans l'arrière chœur se trouvent 48 stalles en bois, sculptés par le flamand Albert de Brule, elles méritent un examen tout spécial.

A peu de distance sur la rive gauche du grand canal, est l'église de Santa Maria della Salute, très remarquable, d'abord par le bel effet qu'elle produit, vue de la Piazzetta; sa belle façade du xviie siècle, légèrement cintrée, ornée de colonnes, de statues et de beaux groupes en marbre, se détache gracieusement du groupe de maisons basses placées sur les côtés. L'intérieur n'est pas moins remarquable : toute la partie placée sous le dôme est pavée en marbre, imitant un tapis chargé de dessins. Au fond est un magnifique autel en mosaïque, surmonté d'un groupe en marbre blanc, représentant la Vierge chassant les démons de la Peste. Sur cet autel sont de très beaux flambeaux en argent ciselé, et devant, un grand candélabre en bronze, d'un travail admirable.

Les arceaux du chœur sont soutenus par des colonnes provenant d'un temple romain situé à Pola. Dans les chapelles sont trois Madones de Luc Giordano, et dans la quatrième, l'Effusion du Saint-Esprit par le Titien.

La sacristie et son vestibule ont encore d'excellents tableaux du Titien, de Marc Basaiti, du Tintoret et de Sassoferrato.

Le plafond de l'église a été peint par le Titien.

Il Redentore sur le canal de la Guidecca.

construite en 1576, par Palladio, est une vaste église à une seule nef, avec un portail à colonnes Elle est riche en peintures : ses six chapelles sont ornées de tableaux du Bassan, du Tintoret et de Palma-le-Jeune. Dans la sacristie, derrière des rideaux soigneusement fermés, sont trois fort belles madones de Jean Bellini.

Le maître-autel, en pierres sculptées, et le devant en marbres de toutes provenances, méritent une sérieuse attention.

Près de la station du chemin de fer est l'église dei Scalzi, richement décorée de tous les ornements dont le xviie siècle était prodigue; l'ensemble de la décoration est lourd et peu gracieux; plusieurs chapelles sont ornées de draperies de marbre, garnies de grandes franges également en marbre ; l'étoffe est assez bien imitée pour tromper l'œil inattentif; mais à côté de ces défauts inhérents à l'époque de la construction, il y a de délicieux détails. Tous les autels sont en mosaïque de pierres dures, ornés de colonnettes, d'écussons d'un très beau travail; à gauche, à l'entrée est la chapelle de la famille Manin, érigée en 1550, avec un luxe dont le goût n'est pas toujours irréprochable mais qui témoigne de la grande position de cette famille.

Le dernier des doges lui appartenait, et Daniel Manin, le plus illustre des Vénitiens de notre époque, était le petit-fils du dernier doge. La splendeur de sa maison était bien déchue: une inscription placée sur un bâtiment des plus modestes, dans une des petites rues de Venise, indique que là était sa demeure; mais le patriotisme et la haine du joug étranger l'avait placé à la tête de ses concitoyens pour soustraire son pays à la domination autrichienne. Il en fut récompensé par de splendides funérailles, alors que la Vénétie affranchie, put ramener dans sa patrie les cendres de celui qui avait lutté jusqu'au dernier moment.

Les boulets autrichiens semblent avoir pris cette église pour point de mire, elle a été fortement endommagée pendant le siége de 1849.

Nous devons encore citer l'église de Paul Véronèse, construite au commencement du xvi⁰ siècle. On a donné, avec raison, à cet édifice religieux le nom de l'illustre artiste qui en a fait une sorte de musée de ses œuvres. A l'exception de Saint-Nicolas, peint par le Titien à l'âge de quatre-vingt-six ans, tout le reste est de Paul Véronèse. Une Madone, le Christ et les deux Marie, la Vierge dans les nuages et quatre saints, le martyre de saint Sébastien, celui de saint Marc et de saint Marcellin, la Purification de la Vierge, l'étang de Bethesda, le plafond de la sacristie, le couronnement de la Vierge avec les quatre Evangélistes, le baptême du Christ et le plafond de l'église. Il y a aussi de belles sculptures, la Madone et saint Jean, le monument de l'évêque Podocataro, par Sansovino, enfin le buste du peintre, et à côté son tombeau.

Il nous faut encore parler d'une église,

mais cette fois avec douleur, Dei Santi
Giovanni Paolo, vulgairement appelée dans
le dialecte vénitien San Zanipolo. C'est une
sorte de Panthéon de Venise où les doges
et les grands hommes de la République
trouvaient leur dernière demeure. C'était
là qu'on célébrait leur service funèbre. Les
tombeaux se disputent l'honneur d'effacer
leurs voisins, et l'égalité dans la mort ne se
trouve que sous la pierre sépulcrale ; à
l'extérieur tout est luxe et orgueil. L'étude
de cette église demanderait des journées
de contemplation, la sculpture, la peinture, l'architecture s'y trouvent à l'envi ;
on y voit encore de magnifiques tableaux
des meilleurs maîtres vénitiens ; mais l'incendie a détruit avec une rage insensée,
en 1867, les œuvres les plus importantes,
réunies dans une chapelle latérale, qui
portait, je crois, le nom de chapelle du
Rosaire. Là était le chef-d'œuvre du Titien,
l'une des merveilles de l'art vénitien, l'une
des plus puissantes expressions de la peinture, le martyre de saint Pierre, domini-

cain assassiné dans un bois près de Milan, en 1227, en revenant d'un concile.

L'importance attachée à ce splendide ouvrage était telle que le Sénat avait défendu, sous peine de mort, de le vendre.

Cette peinture, exécutée sur bois, avait été transportée sur toile à Paris, alors que nos conquêtes avaient permis de l'envoyer au Louvre. On voit encore sur les murailles les bas-reliefs en marbre blanc, dont le chœur était entouré, et l'on peut juger de l'importance des œuvres détruites, par les noms que l'on se plaît à rappeler. Un inventaire des objets détruits, dressé après l'incendie, en porte la valeur à 23 millions.

On répare en ce moment le chœur de l'église, fort endommagé par l'effroyable sinistre; on réédifiera la chapelle détruite, mais on ne pourra pas rendre aux arts les chefs d'œuvre anéantis par l'élément destructeur.

A côté de l'église, sur la petite place qui la sépare du canal, est la charmante façade de l'hôpital civil, et devant, le monument

Colleoni, statue équestre du général de ce nom, mort au service de la République. La statue et le piédestal sont fort remarquables.

La gondole va nous conduire au grand canal, je vous en parlerai prochainement.

XXXIII.

Le grand canal, c'est la principale rue de Venise, le Toledo de Naples, ou le Corso de Rome. C'est cette S immense qui coupe Venise en deux parties presque égales, depuis la Piazetta, faisant suite au canal de Saint-Marc jusqu'à l'île de Santa-Chiara, auprès de la gare du chemin de fer, rue d'eau, large, spacieuse, profonde, bordée de palais de tous les genres d'architecture, où dominent cependant le byzantin et le gothique, rue constamment fréquentée par les gondoles particulières ou publiques, par les omnibus, les marchands de poisson ou les fournisseurs de la ville, car Venise ne produit rien, tout lui vient du dehors, elle est tributaire des îles voisines et même de la terre ferme.

Au temps de la splendeur de la République, la vue du grand canal devait être merveilleuse : tous ces palais éclairés, resplendissant de lumières et d'ornements, les gondoles glissant sur l'onde, et déposant au seuil des perrons des cavaliers et des dames vêtus de soie et d'or, éblouissants comme saint Marc en son bon temps, devaient faire de tout cet ensemble un tableau magique. Mais hélas! que les temps sont changés. En ce temps-là Venise possédait plus de 200,000 habitants, ses armées victorieuses, avaient conquis presque toute la Grèce, la Dalmatie, une grande partie de l'Italie; ses généraux servaient fidèlement leur patrie dans la guerre, mais ne négligeaient pas le butin à leur propre profit; toute cette aristocratie, en possession du droit de donner des doges et des chefs à la République, voulait avoir des domaines de souverains, chacun bâtissait avec luxe, espérant effacer son voisin. Souvent même les entreprises étaient plus grandes que la fortune, et les palais ne s'achevaient pas. Il est bon d'ailleurs de s'entendre sur la valeur de ce mot *Palais*.

En France, on décore de ce titre la demeure du souverain ou de nos grandes assemblées, jamais on ne l'applique à des propriétés particulières, si belles qu'elles soient; ainsi, on dira le Palais du Louvre, des Tuileries, du Luxembourg, du Corps législatif, et l'on donnera seulement le nom d'hôtels aux autres constructions importantes. Mais le mot hôtel n'a pas de similaire en italien, on le traduit par *palazzo*; il faut donc chercher sous ce mot palais, ce que nous appelons des hôtels. Il y en a de très grands comme de petits; mais tous sont remarquables par leur architecture.

A droite, en partant du Mole, le palais Giustiniani, en style ogival, xve siècle, est aujourd'hui l'hôtel de l'Europe.

Le palais Emo-Trèves, le palais Tiepolo-

Zucchelli est maintenant l'hôtel Barbesi, à côté le palais Fini.

Un peu plus loin le palais Corner, bâti par Sansovino, en 1532, servait de résidence au gouverneur autrichien.

Le palais Cavalli, en style ogival, appartient au duc de Bordeaux.

Le palais Giustiniani-Lolin est la propriété de la duchesse de Parme.

Le palais Contarini-Fasan offre un beau modèle du style ogival du xiv° siècle.

Le palais Moncenigo fut habité par lord Byron.

Le palais Contarini *delle Figure*, style de la renaissance, est décoré d'écussons et de trophées. Le palais Corner-Spinelli, construit par les Lombardi, en style renaissance, est aujourd'hui la propriété de la célèbre ballerine Taglioni. Le palais Grimani, très remarquable, est devenu l'Hôtel des Postes. Le beau palais Dandolo, en style roman, avec détails byzantins et orientaux, est le siége du municipio (Autorités communales).

Le palais Loredan, également du xiie siècle, fut la demeure de Pierre de Lusignan, roi de Chypre, et de Catherine Cornaro, fille d'un des sénateurs de Venise.

Le palais Bembo, en style ogival très pur.

Le palais Manin, édifié par Sansovino, au xvie siècle, était la demeure du dernier doge de Venise, Louis Manin, qui déposa le pouvoir le 4 mai 1797, lors de la conquête par les Français.

Le palais des Tedeschi, entrepôt des négociants allemands, bel édifice renaissance, du xvie siècle.

La Casa d'Oro, en style ogival très élégant, ayant aussi appartenu à Taglioni.

Le palais Vaudramin Calergi, construit en 1481, style renaissance, est un des plus beaux palais du grand canal, il appartient encore au duc de Bordeaux.

La rive gauche n'est pas moins riche; on y remarque le palais Doria Garani, du xve siècle.

Manzoni, également œuvre des Lombardi, d'une grande beauté.

Rezzonico, beau et grand palais ayant appartenu à l'infant d'Espagne.

Foscari, style ogival, d'une grande richesse, propriété de la ville.

Balbi, beau style renaissance.

Tiepolo-Sturmen appartenant au comte Pourtalès, ambassadeur de Prusse.

Camerlinghi, de 1525, maintenant siége du Tribunal d'appel.

Corner della Regina, où naquit Catherine Cornaro, reine de Chypre, transformé en Mont-de-Piété.

Pesaro, beau palais renaissance, vendu après la mort du duc de Bevilacqua à une famille russe.

Il Fondaco dei Turchi, du x⁰ siècle, en style roman, auberge turque depuis 1621.

Corer, maintenant le musée Civique, et une foule d'autres moins importants.

Cette liste de noms pompeux, les décorations de tous ces palais, les magnifiques sculptures dont ils sont ornés présentent à l'imagination l'aspect d'une ville splendide. Mais la plupart de ces palais sont abandonnés, les anciens propriétaires sont morts, leurs familles se sont éteintes ou ont été ruinées; et maintenant, de toutes ces splendeurs, il ne reste que des bâtiments beaux encore, dont le mérite architectural ni les ornements sculptés n'ont pas disparu, mais où l'on ne voit plus de brillants cavaliers et d'élégantes dames. Les mieux conservés ont été utilisés pour les services publics, d'autres sont devenus des hôtels garnis; quelques-uns, enfin, sont livrés à l'industrie, et parmi ceux restés la demeure de leurs propriétaires, la fortune et le luxe ont disparu.

On voyait devant chaque palais des poteaux destinés à protéger les gondoles ou à les maintenir devant les perrons; ils existent encore, mais ils tiennent à peine debout, ils ont depuis longtemps perdu la ligne perpendiculaire; même devant le palais de la duchesse de Parme, les poteaux peints en bleu et décorés de fleurs de lys d'or, s'inclinent l'un vers l'autre et semblent prêts à tomber.

La visite au grand canal, l'étude de tous ces souvenirs du passé, inspirent une profonde mélancolie, on a sous les yeux les témoignagnes de la grandeur déchue et de l'abjection produite par l'esclavage.

Ces grands seigneurs disparus, leurs palais abandonnés, maintenant noirs, sales, sans rideaux ni stores, inspirent l'idée de la misère succédant à la fortune, rien n'est plus triste en vérité.

Il y a encore dans Venise une foule d'autres palais situés sur les petits canaux; pour ceux-ci, la décadence est encore plus sensible. Là est une école, ici la boutique d'un détaillant ; il n'y reste presque pas de traces de leur ancienne grandeur. Quelques-uns cependant font exception, entre autres le palais Morosini, encore occupé par les descendants du fameux général de la République ; cette famille a conservé une fort jolie collection de bons tableaux et d'objets conquis en Grèce et en Turquie.

La comtesse, qui en est propriétaire, en

fait gracieusement faire les honneurs par son intendant.

Après cette visite indispensable, mais triste, sombre, on est heureux de se retrouver au grand canal et de diriger sa gondole vers le jardin public, non qu'il soit intéressant, c'est tout simplement un vaste terrain planté de quelques avenues, restes des jardins de plusieurs couvents que Napoléon Ier fit fermer pendant sa domination. Mais à l'extrémité se trouve un tertre assez élevé, et un bon café d'où la vue s'étend sur le plus charmant paysage que l'on puisse imaginer. On est à l'extrémité des îlots sur lesquels Venise est bâtie, le terrain s'est resserré; à droite, est le canal Saint-Marc, conduisant au Mole; à gauche, est une série de grands canaux entourant plusieurs îles verdoyantes, parsemées de maisons blanches et riantes. La vue se repose avec bonheur sur ce tableau si calme; on est à peine détourné de son admiration par le mouvement des gondoles, des barques et même de bateaux à vapeur que l'on voit à chaque instant disparaître derrière quelqu'île pour se montrer bientôt à l'autre extrémité, et disparaître de nouveau.

Le canal Saint-Marc et celui de la Giudecca ont de la profondeur, les gros navires peuvent y arriver; nous y avons vu une belle frégate américaine et plusieurs bâtiments de commerce d'un fort tonnage.

XXXIV.

Ne vous figurez pas que l'on ne puisse circuler dans Venise qu'à l'aide de la gondole; cependant 147 canaux parcourent la ville et la divisent en trois grandes et en 114 petites îles. Mais entre tous ces canaux il y a une multitude de petites rues ou plutôt de ruelles dans lesquelles deux personnes passent à peine de front. La circulation est rendue facile par 378 ponts, presque tous en pierre, dont la construction était indispensable pour franchir les canaux que l'on rencontre à chaque pas.

Ces ponts sont presque tous élevés de sept à huit marches pour permettre le passage des gondoles. Vous comprenez qu'aucune voiture ne pourrait circuler, même quand la ruelle serait assez large pour la recevoir. La plus large des rues de Venise est la Merceria, dans laquelle trois personnes, pas trop grosses, peuvent passer de front; c'est la rue commerçante de la ville, elle est garnie de nombreux magasins, mais leur largeur est en proportion de celle de la rue, c'est-à-dire qu'ils sont étroits, sombres et resserrés. Les maisons sont de même et ne contiennent en général qu'un locataire.

Cette rue Merceria est la grande artère de Venise, elle mène de la place Saint-Marc au pont du Rialto, et toute la journée elle est encombrée de gens qui la parcourent. Elle est comme toutes les autres ruelles, dallée en larges pierres plates, très commodes pour la marche.

Le pont du Rialto fait éprouver une petite déception : vu du grand canal qu'il traverse sur une seule arche, il est fort joli, mais il n'en est pas de même quand on est dessus. Divisé en trois parties, il est encombré de petites boutiques et de marchands d'objets d'alimentation. Il est le trait-d'union entre un marché à légumes et le marché au poisson ; de ce côté, il n'y a pas d'autre pont sur le grand canal, de sorte que la circulation y est très active. Cependant le voyageur va le visiter et y retourne, parce que du haut de sa plateforme on plane sur le grand canal, toujours si animé, et sur les rives bordées des palais que nous avons décrits.

Pour arriver à pied aux établissements publics, aux théâtres, il faut traverser de petites ruelles vraiment impraticables lorsqu'on n'y est pas habitué. Ainsi, pour aller au théâtre d'Apollo, il faut suivre une longue ruelle dans laquelle deux personnes ne pourraient pas marcher de front. Pour le théâtre Gallo ou San Benedetto, il faut suivre plusieurs ruelles et un petit pont, au bout duquel est un péristyle de trois colonnes à peine éclairé, de sorte qu'il faut bien connaître le lieu pour s'y arrêter. Mais lorsqu'on est entré, on trouve une grande et belle salle, dont on ne soupçonnerait pas l'existence au milieu de cet amas de maisons, si serrées les unes contre les autres.

Les loges des théâtres sont singulièrement disposées, il n'y a pas de sièges mobiles; deux banquettes placées contre les parois des loges reçoivent les spectateurs, deux seulement sont ainsi au premier rang, les autres ne peuvent rien voir s'ils ne tournent avec effort la tête du côté de la scène; c'est aussi incommode que déplaisant.

On peut arriver à tous les théâtres par les canaux, c'est la voie dont se servent les Vénitiens, surtout lorsque les dames s'y rendent en toilette.

Venise compte 15,000 maisons, ce qui, pour 125,000 habitants, fait huit personnes par maison.

Les enterrements ont lieu avec des ornements rouges et le deuil de cérémonie se porte de la même couleur. A Venise, on se console facilement de la mort des enfants; ce sont, dit la population superstitieuse, des avocats que l'on a devant Dieu.

PADOUE.

XXXV.

Cette ville est à noter parmi les plus anciennes. On prétend qu'Anténor, roi de Troie, après la mort de Priam, son frère, en fut le fondateur. Ses rues étroites et garnies d'arcades sur les côtés révèlent, sinon une antiquité si lointaine, au moins les habitudes du moyen-âge. Elle est très étendue, les principales maisons sont entourées de grands jardins, ce qui lui donne une apparence de calme et de tranquillité.

Son université, fondée en 1238 par l'empereur Barberousse, est encore célèbre;

elle a compté, dit-on, jusqu'à 10,000 étudiants. Jalouse de perpétuer la gloire de ses élèves, elle a fait inscrire sous les belles arcades de la cour les noms des principaux de ceux qui y obtinrent des grades académiques.

Padoue a de beaux monuments religieux ; le principal, appelé Il Santo, est placé sous l'invocation de saint Antoine, patron de la ville ; c'est une grande église édifiée au xiiie siècle, sur les plan de Niccolo Pisano. Cette construction colossale, en forme de croix, est surmontée de sept coupoles, dont celle du milieu a 40 mètres de hauteur. Le chœur demi-circulaire a un pourtour et huit chapelles. De bonnes peintures ornent cette église, entre autres un tableau d'autel représentant la Vierge entourée de saints, d'Antonio Boselli ; des fresques de Jacques Daranzo. De très belles sculptures complètent l'ornementation ; des bas-reliefs en bronze par Donatello, représentent les miracles de saint Antoine, et ils sont nombreux ; d'autres bas-reliefs sur le même sujet, sortis du ciseau des Lombardi, de Sansovino et d'autres, constituent un bel ensemble. Le tombeau contenant les restes du saint est dans la chapelle dite du Santo.

Devant l'autel sont placés deux magnifiques candélabres d'argent ciselé, sur des pieds formés par des groupes de marbre. A côté du maître-autel est un autre candélabre de bronze, haut d'environ quatre mètres, ciselé de nombreux sujets chrétiens par André Riccio.

La dernière chapelle, consacrée à saint Stanislas, était autrefois la propriété de la nation polonaise ; les personnages illustres de cette nation qui mouraient à Padoue y étaient inhumés.

Les grilles d'autel et du chœur sont en bronze d'un très beau travail.

Tout auprès, le cloître contient de belles galeries et d'élégantes colonnettes, il renferme une très grande quantité de pierres tumulaires n'ayant d'autre intérêt que leur ancienneté.

En face de l'église, est la belle statue

équestre de Gattamelata, ou, suivant d'autres, d'Erasme de Narni, commandant des armées vénitiennes au xve siècle. Ce fut la première statue de bronze de cette dimension coulée en Italie. Son auteur, Donatello, figure au premier rang parmi les statuaires.

L'église des Hermites n'a qu'une seule nef, très longue, sans aucune colonne ni pilier; elle ne mériterait pas d'être citée si elle ne possédait dans la chapelle de San-Jacopo des fresques célèbres de Mantegna et un tableau d'autel du Guide, représentant saint Jean-Baptiste.

Les fresques sont malheureusement fort usées et, sans le nom qui les protège, ne raient guère remarquées.

Tout auprès est la chapelle de l'Annunziata, plus connue sous le nom de chapelle du Giotto. Les murs sont couverts de fresques de ce maître, peintes en 1304; elles sont assez bien conservées, quoique l'humidité les menace d'une destruction prochaine. L'un des panneaux présente cependant un intérêt tout particulier, le sujet est le Jugement dernier ; il fut, dit-on, composé d'après les conseils du Dante, ami particulier du Giotto. On comprend combien le génie de l'illustre écrivain dut être utile au peintre.

La place du Prato del Valle, le pré de la vallée, est ornée d'un joli jardin placé au milieu, entouré d'un large canal d'eau vive, borné par une balustrade en marbre blanc sur laquelle sont placées de belles statues représentant des italiens célèbres, principalement ceux nés à Padoue. On accède à cette promenade par quatre petits ponts décorés d'obélisques.

Le Palais de justice, construit au xie siècle, est célèbre par sa grande salle à plafond voûté ; c'est, dit-on, la salle la plus vaste de l'Europe : elle a 83 mètres de long, 28 de large et 24 de hauteur, elle sert maintenant de magasin des objets appartenant à la ville.

Sur la même place est la Grand' Garde, édifice renaissance des plus élégants.

L'église de San Giustina, placée au haut d'un escalier de douze marches, se présente majestueusement à l'extrémité du Prato del Valle; sa façade sans aucun ornement ne révèle pas la pureté des formes de l'église, composée de trois nefs surmontées de quatre coupoles; l'ensemble est des plus imposants. Cette église, à peine terminée, possède un tableau de Paul Véronèse et un tableau d'autel de Romanino. Elle a des stalles magnifiquement sculptées; sa richesse en marbres, sculptures et statues rappelle les églises de Rome; tous les autels sont en mosaïques de pierres précieuses; deux chapelles, consacrées aux Saints-Innocents, renferment de très beaux groupes d'enfants en marbre blanc. Cette église paraît être l'objet du culte passionné des gens de Padoue.

Tout à côté, est une ancienne église ornée de fresques bien conservées dans laquelle on montre le cachot où fut enfermée Santa Giustina avant de subir le martyre.

La cathédrale est un grand édifice ancien, sans façade; il a deux transepts, ce que je n'ai vu dans aucune autre église. A l'extrémité de chacun d'eux se trouvent de belles chapelles en marbre, très ornementées. Les grilles d'autel et du chœur sont en bronze richement ciselé, la chaire en bois est un beau spécimen de sculpture. Le chœur est pavé en mosaïques très remarquables. Malheureusement tout cela est placé presqu'à l'extrémité de la ville, au fond d'une petite place d'un quartier isolé. Personne ne supposerait que c'est la cathédrale, surtout lorsqu'on a vu Il Santo et Santa-Giustina.

A peu de distance, est une assez belle maison, pompeusement décorée du titre de palais, elle appartient à un M. Papafava, qui laisse gracieusement visiter un appartement contenant quelques tableaux et objets d'art d'un très bon choix. Le morceau principal est un groupe en marbre blanc d'un seul morceau d'environ 2 mètres de hauteur, il représente les anges rebelles foudroyés; saint Michel les précipite et au bas Lucifer les reçoit. Ce groupe contient 60 personnages, tous detachés du tronc principal ; tous se soutiennent en se tenant entre eux par les mains, les pieds, les épaules, etc. Ces statuettes ont environ 30 centimètres de hauteur. Le sculpteur a dû éprouver beaucoup de difficultés à placer autant de personnages ; il y est parvenu en évitant la confusion qui pouvait exister entre eux.

Ce groupe, d'une très belle exécution, mériterait une visite spéciale pour son heureuse composition.

Près de l'université, est le café Pedrocchi, établi dans l'ancien palais du podestat ; il est décoré de colonnes en marbre blanc formant un large péristyle sur chacune des deux places sur lesquelles il s'ouvre. Les vastes salles sont ornées de belles glaces, il est surtout disposé avec tout le confortable moderne. C'est le lieu de réunion de toute la ville, on y déjeune, et toute la journée un grand nombre de consommateurs y prennent de très bonnes glaces.

Le premier étage est uu casino, les murs de chaque appartement sont couverts de très jolies fresques modernes, la salle orientale est surtout parfaitement disposée.

VÉRONE.

XXXVI.

Nous voici en plein quadrilatère : Vérone et Mantoue placés en arrière de Peschiera barrent les voies de communication entre Milan et Venise. C'est là que les armées françaises et italiennes se sont arrêtées en 1859, après la bataille de Solférino. Les chefs de nos armées se sont-ils émus, comme on l'a dit, des horreurs du champ de bataille ; même après la victoire, ont-ils cédé à un sentiment d'humanité, ou bien ont-ils fait un temps d'arrêt devant les dispositions hostiles de l'Allemagne, nous ne pouvons le dire, mais il est certain qu'après cette mémorable bataille l'armée autrichienne était vaincue, en déroute et surtout démoralisée, à tel point que les forteresses auraient été un faible obstacle et n'auraient pas arrêté les armées victorieuses. C'est au moins l'opinion de tous nos officiers supérieurs.

Quant à l'attitude hostile de l'Allemagne, la conduite récente de la Prusse à l'égard de l'Autriche peut faire douter qu'elle le fût autant qu'on l'a dit. La Prusse n'avait aucun intérêt à défendre l'Autriche qu'elle voulait humilier, ni à arrêter l'Italie, puisqu'en la laissant grandir elle créait une inquiétude à sa rivale. Quoiqu'il en soit, le beau programme de l'Italie libre des Alpes à l'Adriatique, se trouva abandonné, et le prestige des paroles de la France en fut affaibli.

Si des villes largement fortifiées, des murs et des canons pouvaient arrêter la marche d'une armée enivrée de ses succès, Vérone et Mantoue, plus encore que Peschiera, pouvaient présenter de graves obstacles aux armées réunies.

D'immenses fortifications incessamment augmentées et perfectionnées suivant la science moderne, ceignent ces villes de toutes parts et lui donnent l'aspect sombre et resserré particulier aux places fortes. Vérone n'est pas moins une ville d'environ 60,000 habitants, siège d'un commerce considérable.

Vérone possède des souvenirs de la domination romaine, les arènes bordent la principale place de la ville, la place Brà. Ce vaste amphithéâtre, construit sous Dioclétien en l'an 284, haut de 32 mètres, pouvait contenir sur ses 45 rangées de gradins 25,000 spectateurs assis et 70,000 debout. La première enceinte extérieure est presque entièrement détruite, mais on a conservé et légèrement restauré les parties restées debout.

Les 72 arcades sur lesquelles il repose sont louées pour l'exercice de petites industries, le prix des locations est exclusivement employé à l'entretien de l'arène; ce magnifique souvenir de l'antiquité mérite bien les soins intelligents donnés à sa conservation.

A l'extrémité du Corso-Vecchio est, suivant les uns, un arc de triomphe, suivant d'autres, l'ancienne porte de la ville. C'est, dans tous les cas, une construction remarquable, datant du règne de l'empereur Gallien en 265. La porte proprement dite, divisée en deux arches surmontées de deux rangs de galeries est bien conservée et présente un bel aspect, surtout du côté extérieur.

Non loin de cette porte est l'église Saint-Zenone, bel édifice roman du XIIe siècle, basilique à trois nefs, construite dans d'élégantes proportions. Les portiques sont ornés de bas-reliefs et de colonnes, les portes sont couvertes d'une multitude de petites plaques de bronze sculptées; à droite est un autel de sacrifice, rond, d'origine romaine, souvenir du paganisme, singulièrement placé, près d'un temple chrétien. Des escaliers descendent des deux bas-côtés à la vaste crypte située sous le chœur. La disposition primitive avait placé l'autel souterrain dans un demi-sous-sol, en élevant l'aire basse du chœur à une hauteur d'environ deux mètres au-dessus du sol de l'église. La crypte, soutenue par 40 colonnes, avait sa façade à jour tournée vers la nef, de telle sorte qu'en entrant dans l'église, on voyait à la fois les deux autels supérieur et inférieur. La convenance des ecclésiastiques avait déterminé à boucher les jours réservés entre l'église et la crypte, mais leurs successeurs, plus amis des arts, font enlever ces clôtures; chaque coup de marteau met à jour de délicieuses colonnettes cachées depuis quelques siècles sous les plâtres barbares qui y avaient été placés.

Les vieilles fresques du temps de Giotto couvrent les murs, mais elles sont presque entièrement effacées.

Un beau tableau de Mantegna représente une Madone avec des groupes d'anges et de saints. L'autel en mosaïque est d'une grande richesse ; l'église entièrement pavée en marbre, contient des stalles sculptées, d'un travail exquis.

Au nord, est un cloître assez bien conservé, il est entouré de colonnettes du meilleur style, qui n'ont pas été trop abîmées par les Autrichiens, quoiqu'ils y ayent établi des écuries et des magasins de fourrage.

La cathédrale est un magnifique édifice gothique du xive siècle, dont le chœur et la façade romane remontent au xiie. Les trois nefs sont séparées par huit piliers isolés ; un jubé de marbre d'un très beau travail est placé à l'entrée du chœur. Près de l'église est un beau cloître dont les colonnettes doubles sont en marbre rouge d'Égypte. Les colonnes du portail, portées par des griffons, sont fort belles; sur le premier autel, à gauche, est une Assomption de la Vierge, œuvre du Titien.

L'église de Santa-Anastasia est aussi en style gothique du xive siècle, elle n'aurait de remarquable que son architecture élégante et hardie, si deux mendiants en marble blanc et gris, parfaitement sculptés, n'étaient placés près des bénitiers. L'un d'eux, celui de gauche, est de Gabriel Cagliari, père de Paul Véronèse.

Près la porte San-Giorgio, l'église de ce nom, construite en 1604, avec une seule nef et une coupole, possède quelques excellents tableaux : le Baptême du Christ, par Tintoret; Sainte Ursule et ses Compagnes, par F. Caroto; une superbe Madone avec Dieu le Père et au bas trois anges, est de Girolamo dei Libri. Deux autres tableaux remarquables ornent encore l'église, mais la pièce principale est sur le maître-autel, c'est le martyre de saint George, par Paul Véronèse; ce tableau a figuré au musée du Louvre jusqu'en 1845. C'est là une de ces recommandations que l'on ne saurait omettre, elle prouve le mérite exceptionnel de l'œuvre.

Au moyen-âge, le mouvement populaire de la cité se trouvait sur la place de l'Hôtel-de-Ville, elle est entièrement dallée de marbre et entourée de beaux et pittoresques édifices dont l'un est le municipio. Près de là, dans une petite place, ayant fait partie autrefois du palais des della Scala, sont élevés les tombeaux de cette famille, l'une des plus illustres de la ville; elle sut se maintenir pendant plus d'un siècle à la tête de la république. Ces monuments furent édifiés au XIVe siècle, en style gothique; surchargés d'ornements de très bon goût, malgré leur quantité, ils se composent de plusieurs colonnes supportant un baldaquin sous lequel sont les statues de personnages illustres ; enfin, la statue équestre de Cane Signorio, couronne le sommet. Il dirigea lui-même les travaux de ce tombeau où il devait reposer éternellement. Les divers mausolées élevés dans cette enceinte sont très bien conservés et donnent une haute idée du talent des dessinateurs et des sculpteurs de cette époque.

Le palais Pompei, d'une très belle architecture, construit au bord de l'Adige par la famille dont il porte le nom, fut offert par elle à la ville, pour en faire un musée. On y a réuni quelques bons tableaux, épars jusque là dans divers édifices publics. On y remarque entre autres une Mise au Sépulcre, par Paul Véronèse, et la reddition de Vérone aux doges de Venise, par Bonifacio.

C'est à Vérone que demeuraient les Montaigu et les Capulet, dont les noms illustres ont été vulgarisés par Shakespeare et Bellini. Dans une chapelle ayant fait partie du couvent des Franciscains, on montre une grande pierre creusée, qui aurait été la tombe de Juliette; mais elle n'a aucune authenticité et pourrait tout aussi bien n'avoir été qu'une auge grossière, destinée à désaltérer les chevaux.

Le palais de Juliette, situé rue San-Sebastiano, porte encore l'écusson de cette famille, c'est une maison étroite et élevée dont le rez-de-chaussée sert maintenant de cabaret; ainsi passent les gloires de ce monde!

Une autre curiosité de Vérone, est le jardin appartenant au signor Giusti, situé sur la rive gauche de l'Adige. Il contient plus de 200 cyprès, dont quelques uns ont de quatre à cinq cents ans et paraissent encore en pleine vigueur, ils dépassent 40 mètres de hauteur. Si leur verdure sombre n'égaye pas le tableau, elle montre au moins combien le terrain est propre à la culture de cette essence d'arbre. On jouit d'une vue splendide du haut du coteau, elle s'étend sur les Alpes et les Apennins.

MAGENTA.

XXXVII.

Une station du chemin de fer provoque les regards et l'attention du voyageur, c'est qu'il s'est accompli en cet endroit un des grands faits de notre époque : le 4 juin 1859, les armées française et italienne y remportèrent une victoire importante sur l'armée autrichienne. Là, sur la droite, est la maison où le général Espinasse fut tué. A côté, un monument fort modeste, mais grave et sérieux, en forme d'obélisque, a été élevé en l'honneur des soldats tués pendant la bataille et a remplacé les petits monticules indicatifs des fosses mortuaires.

Un peu en arrière, sur la gauche, on

montre la maison fort simple d'où l'Empereur et Victor-Emmanuel suivaient les phases de la bataille.

Après le combat de Palestro, si glorieux pour l'armée italienne et pour le 3e régiment de zouaves français, les Autrichiens avaient franchi le Tessin, sur le large pont de pierre de 11 arches, construit à San-Martino. Ils se retiraient sur Pavie, laissant libre la route de Milan, que les troupes françaises et italiennes suivaient sans que rien leur indiquât une résistance prochaine. Cependant, tout-à-coup les Autrichiens changèrent de direction et vinrent se placer à cheval sur le chemin de fer, établissant leurs lignes sur un très long coteau dominant la plaine et parallèle au Tessin. Ils avaient fait sauter le pont de San-Martino, mais si maladroitement, qu'une partie de l'armée française put y passer; le reste traversa le fleuve sur le pont de Turbigo, établi trois lieues plus loin. La position des Autrichiens avait été admirablement choisie : les troupes assaillantes étaient obligées de se déployer entre la rivière et le coteau, dans des terrains cultivés en rizières, entièrement couverts d'eau.

Les gens du pays étaient désespérés de voir la bataille s'engager dans de telles conditions ; ils étaient persuadés que la position des Autrichiens était inexpugnable et que les efforts des armées alliées ne parviendraient pas à les en déloger. Cependant la bataille commença vers onze heures du matin, et à trois heures l'armée autrichienne était en déroute sur toute la ligne et se retirait au-delà du Mincio, laissant la Lombardie aux mains des vainqueurs. Les échos de la bataille et les cris de joie des populations eurent bientôt porté jusqu'à Milan la nouvelle de ce brillant fait d'armes, digne prélude de la bataille de Solférino.

J'avais lié connaissance, au chemin de fer, avec deux négociants italiens, dont l'un demeurait à Magenta, et l'autre à San-Martino. Ils avaient suivi l'armée en volontaires et mirent une complaisance infinie à me conduire sur le champ de bataille et à me signaler les endroits où quelques faits saillants s'étaient produits.

J'étais heureux de les entendre vanter, avec leur exaltation méridionale, le courage et la valeur de notre armée, et surtout de la garde impériale et des zouaves. On a prétendu que les Italiens s'attribuaient à eux seuls les victoires remportées; ceux qui ont dit cela n'ont pas vu l'Italie et n'ont pas entendu les Italiens parler de cette campagne, pendant laquelle ils étaient pleins d'anxiété. Ils donnaient aux Piémontais des éloges qui, sans doute, leur étaient dus; mais ils parlaient avec admiration de l'ardeur et de l'entrain de nos soldats; plusieurs tableaux et de nombreuses narrations nous ont montré l'accueil fait par les populations à notre armée. Je puis vous affirmer que cela n'était nullement exagéré, et que nos troupes étaient accueillies et soignées avec la plus vive sympathie.

MILAN.

XXXVIII.

Rien ne pouvait être plus beau que le débarquement à Gênes ; cependant la réception qui les attendait à Milan était aussi éclatante de bonheur et de joie. A Gênes, on n'avait que des espérances ; à Milan, on fêtait des succès. C'était, d'ailleurs, un beau lieu pour recevoir les honneurs du triomphe : les rues principales, larges, spacieuses, bien ouvertes, facilitaient le développement d'une immense population, accourue de toutes les parties du pays pour fêter leurs libérateurs. La ville même en fournissait un bon nombre : elle compte plus de 270,000 habitants, répandus dans une circonférence de quatre lieues : l'industrie y est en honneur, surtout celle des soieries. Elle possède la richesse commune à presque toutes les villes manufacturières ; de grands canaux lui ouvrent de commodes communications avec les lacs principaux de l'Italie ; les grandes routes et les chemins de fer lui assurent une fréquentation incessante de touristes et de commerçants.

Le monument le plus remarquable qu'elle possède est, sans contredit, la Cathédrale, sous l'invocation de *Santa-Maria-Nascenti*. Une inscription placée sur la façade l'indique et une statue de cuivre doré, surmontant le clocheton de la tour, élevée au-dessus de la coupole, constate le patronage de la Madone. Cette statue, haute de 4 mètres 1/2, paraît à peine avoir la grandeur humaine, lorsqu'elle est vue du sol de la place : elle est élevée à 111 mètres.

L'édifice a 145 mètres de long, 57 de large, et la nef centrale 48 mètres de hauteur; c'est, après Saint-Pierre de Rome, le monument religieux le plus vaste de l'Europe. 135 tourelles gothiques, non encore finies, ornent le toit, chacune de ces tourelles et les clochetons qui en dépendent sont surmontés d'une statue de marbre blanc : on n'en compte pas moins de 4,500. De mauvais plaisants ont appelé cette splendide construction, l'Eglise des Marionnettes. On peut se consoler de cette injuste raillerie, en pensant que nulle part il n'existe rien d'aussi beau, ni surtout d'aussi original.

La construction commença en 1386; depuis cette époque, on n'a pas cessé d'y travailler. Napoléon Ier fit, en 1805, reprendre les travaux, qui avaient été momentanément abandonnés : sa statue fut placée au sommet d'une des tourelles : 4 millions y furent dépensés sous l'administration française.

L'église tout entière, les clochers, la toiture, tout est en marbre blanc ; elle est couverte en larges dalles sur lesquelles on marche aussi facilement que dans un appartement; une balustrade, richement sculptée, entoure l'édifice et se reproduit à chaque tourelle, auxquelles on accède par de faciles escaliers.

Les Milanais appellent leur cathédrale la huitième merveille du monde, et, malgré quelques imperfections de détail, je serais tenté de croire qu'ils ont raison.

Je ne sais si jamais on a fait le compte des mètres de marbre employés à la construction, mais on a dû vider plusieurs carrières pour les obtenir.

L'intérieur n'est pas moins remarquable que l'extérieur : 5 nefs longitudinales et 3 au transept, séparées par 52 pilliers ornés d'un cercle de niches et de statues, couvrent un espace de 10,000 pieds. Le dallage du sol est en mosaïque de marbre de diverses couleurs.

L'intention primitive était sans doute de sculpter les voûtes des nefs; ç'eût été un travail immense qui aurait coûté des sommes fabuleuses. On a renoncé à le faire;

et il a été remplacé par une peinture imitant des pierres sculptées à jour. Cette peinture est très bien exécutée et simule parfaitement ce qu'elle a mission de reproduire; mais ce trompe-l'œil ne me paraît digne ni de la richesse, ni de la beauté du monument. La voute, restée unie, n'aurait pas nui à l'ensemble et aurait conservé le ton sérieux et grave qui lui était convenable.

Quelques objets d'art, en sculpture et peinture, ornent encore cette église, déjà si riche ; le mausolée de Jacques et de Gabriel de Médicis est fort remarquable.

Près du pourtour du chœur, une statue de saint Barthélemy, par Marco Agrate, attire l'attention ; peut-être eût-elle été mieux placée dans une Faculté de Médecine que dans une cathédrale. Le saint est représenté écorché, la peau relevée sur les épaules ; cela paraît être un beau travail anatomique. Le sculpteur ne paraissait pas être doué d'une grande modestie : il grava sur son œuvre l'inscription que voici : « *Non me Praxiteles, sed Marcus fecit Agrates.* » Ce ne fut point Praxitèle, mais Marcus Agrate qui me sculpta.

Les portes des sacristies sont entourées de magnifiques sculptures de marbre. Devant l'autel est un splendide candélabre de bronze enrichi de pierreries, offert en 1562 par J.-B. Trivulce.

On remarque dans une chapelle un vieux crucifix de bois ayant appartenu à saint Charles Borromée ; il le portait en 1576 dans les processions auxquelles il assistait nu-pieds, pour prier Dieu de chasser la peste qui décimait la ville.

De bons tableaux se trouvent dans plusieurs chapelles. Celle souterraine de saint Charles Borromée, renfermant le tombeau du saint, est placée sous la coupole ; elle est décorée d'une profusion de dorures et de pierres précieuses.

Il est bon d'être matinal, si on veut la visiter à peu de frais: elle est ouverte chaque jour jusqu'à dix heures, et chacun peut y pénétrer. Mais à partir de cette heure, la grille est fermée et on ne peut la faire ouvrir qu'en payant 5 fr. C'est, en vérité, trop cher pour une visite, qu'on aurait pu faire gratuitement quelques instants auparavant. Devant un des autels du transept, un magnifique candélabre à rameaux couverts de statuettes appelle l'attention, on le nomme l'arbre de la Vierge.

On voit encore dans la Cathédrale quelques vitraux anciens bien conservés ; ils sont en petit nombre. Les trois immenses fenêtres du chœur sont garnies de vitraux peints depuis peu de temps, représentant 350 sujets copiés, pour la plupart, de tableaux anciens ; ils ont été exécutés par Aloïsio et Jose Bertini de Guastalla : ils sont fort remarquables, quoiqu'on puisse critiquer leur composition, sorte de compilation des tableaux de toutes les époques.

Un tableau d'autel peint en 1500, par Barocci, représente saint Ambroise faisant grâce à l'empereur Théodose des peines qui lui avaient été imposées par l'Église, emblème toujours renaissant du pouvoir suprême du clergé sur les plus puissants de la terre.

La visite de la Cathédrale demanderait plusieurs jours ; il serait fâcheux de la faire trop rapidement. Quelques heures peuvent être passées sur le toit de l'édifice à parcourir son immense étendue, monter les escaliers des tours et admirer toutes les sculptures dont on est entouré ; pour y arriver, on doit monter 194 degrés à l'intérieur et 300 à l'extérieur, dont 150 le long de la tour. Il y a bien quelque fatigue à faire cette longue ascension ; nous ne la conseillerons pas aux personnes sujettes au vertige, quoiqu'elle ne présente aucun danger.

Quand on est arrivé au sommet, on est largement payé de sa peine par la magnifique vue dont on jouit. Lorsque le temps est clair, muni d'une bonne lorgnette, on peut voir le Mont-Blanc, le Mont-Rose, le Grand-Saint-Bernard, le Mont-Cervin, le Monteleone, près du Simplon ; les Alpes de Berne, les cimes du Saint-Gothard et du Splügen ; plus près de soi, la Chartreuse de Pavie, et, derrière elle, les Apennins.

Dans l'examen des milliers de statues qui ornent les galeries, on en remarquera de belles, et spécialement celles que Canova ne dédaigna pas de sculpter, quoiqu'elles dussent être à une aussi grande hauteur et presque hors de la vue ; l'une d'elles est, dit-on, celle de Napoléon Ier.

Le trésor de la Cathédrale est très riche ; on y voit d'anciens ornements sacerdotaux, ayant appartenu à saint Charles Borromée et à d'autres archevêques : beaucoup d'objets de piété donnés par des souverains étalent aux yeux une grande richesse.

Toutes les églises de Milan sont assez jolies et possèdent de bons tableaux ; mais quelques-unes seulement méritent une attention particulière.

Je commencerai par Santa-Maria-delle-Grazie, construite au xve siècle par Bramante, non à cause de ses fresques de Gaudenzio Ferrari, de Fiamingo, de Luini, ou de son tableau d'autel du Caravage, quoi qu'ils soient fort beaux, mais pour rendre hommage à la Cène de Léonard de Vinci, peinte à l'huile sur l'un des murs du réfectoire de l'ancien couvent.

Cette composition magnifique est surtout remarquable par la position des personnages et l'expression des physionomies. Malheureusement, le temps a encore marqué là son passage, et les hommes l'ont beaucoup aidé; les moines, plus amateurs de leurs aises que de leur art, ont coupé les jambes du Christ et de deux ou trois apôtres pour percer une porte, qui, depuis, a été condamnée. Le réfectoire a servi d'écurie pour la cavalerie, et, depuis, de magasin de fourrage.

Quelqu'un eut alors l'idée de murer les portes pour sauver les peintures; mais cette grande salle sans air, humide, submergée par les eaux pluviales, en souffrit autant que des profanations; de sorte que cette belle œuvre est assez détériorée pour faire craindre qu'avant peu de temps elle disparaisse en entier. Heureusement, de bonnes copies en ont été prises et elle ne sera pas entièrement perdue.

L'église Saint-Ambroise, en style roman et voûtes en ogive, a été fondée au IVe siècle, sur les ruines d'un temple de Bacchus. Cette église renferme plusieurs mosaïques d'or, plus anciennes que celles de saint Marc, de Venise ; des bustes, des statues, des tombeaux et des inscriptions des premiers temps du christianisme.

C'est dans cette église que saint Augustin se convertit.

Dans la grande nef, une colonne en porphyre porte un serpent de bronze, apporté de Palestine. Selon la tradition, c'est celui que Moïse éleva et qui doit siffler à la fin du monde.

On y remarque encore un bel *Ecce-Homo* peint à fresque par Luini. C'était en cette église que les rois Lombards et les empereurs d'Allemagne se faisaient ceindre la couronne de fer. Cependant, on ne l'y conservait pas, elle était déposée dans une petite cassette richement ornée, placée au centre d'une croix décorant un des autels de la Cathédrale de Monza. Cette couronne était faite d'un large cercle d'or massif orné de pierreries; on l'appelait de fer, parce qu'elle était garnie à l'intérieur d'une légère bande de fer, provenant d'un des clous de la croix de Jésus-Christ, apportée de Palestine par l'impératrice Hélène.

Trente-quatre rois de Lombardie, plusieurs empereurs, dont Charles-Quint, Napoléon Ier, en 1805, et Ferdinand Ier, empereur d'Autriche, se la firent placer au front. Transportée par les Autrichiens à Mantoue, au mois d'avril 1859; plus tard au trésor de Vienne, rendue depuis au royaume d'Italie, elle n'est plus qu'un joyau sans importance, seulement propre à rappeler les souvenirs du passé.

Saint Ambroise, fondateur de cette église, eut, dit-on, le courage et la vertu d'en refuser l'entrée à l'empereur Théodose, après le massacre de Thessalonique. On n'ajoute pas comment l'empereur reçut cette injure et s'il en tira quelque vengeance.

Dans l'église de Santa Maria et de San Celso, construite par Bramante, se trouvent deux beaux tableaux de Gaudenzio Ferrari et de Borgognone. Les colonnes en marbre présentent une bizarrerie assez grande : les chapiteaux sont en bronze. Une très-jolie façade contient de belles sculptures. La petite église de San Maurizio a de très belles fresques de Luini sur toutes ses murailles.

San Laurenzo, le plus ancien édifice de Milan, était autrefois la partie principale des Thermes, ou du palais de Maximien. Seize colonnes corinthiennes, restées au milieu de la rue, formaient le portique du palais romain ; elles n'ont aujourd'hui aucune liaison avec l'église, les bâtiments intermédiaires ont disparu.

Une jolie petite église, consacrée en 1847 sous l'invocation de Saint-Charles Borromée, rappelle le genre du Panthéon de Rome ; la coupole a 50 mètres de hauteur, elle a des vitraux modernes et deux beaux groupes de marbre, dont l'un représente saint Charles au milieu des pestiférés.

Quelques grands palais d'une construction maniérée ne méritent pas une grande attention, on peut cependant en excepter le palais Ciani, achevé il y a sept ou huit ans et construit en terre cuite ; l'aspect de cette pâte est peu agréable, et quoiqu'il porte les masques de Victor-Emmanuel, de Napoléon III, de Garibaldi et d'autres, il me paraît peu artistique.

Les musées de Milan sont à classer parmi les plus remarquables de l'Italie ; celui appelé la Bibliothèque Ambroisienne contient, outre une magnifique collection que l'on porte à 60,000 volumes imprimés et à 15,000 manuscrits précieux, de beaux marbres et de bons tableaux dus aux meilleurs artistes. Un buste de Byron par Thorwaldsen, les Jeunes Filles au rouet et l'Amour, par Schadow, des mosaïques, des gravures sur bois et de nombreux dessins des principaux maîtres.

On remarque parmi les tableaux, un Christ en croix du Guide, une Adoration des Mages et une Mise au Sépulcre du Titien, des cartons de Raphaël et de charmants tableaux de Brenghel, dit de Velours, dont la finesse d'exécution est toujours aussi remarquable que la parfaite composition. Parmi les auteurs du genre gracieux et séduisant, celui-ci est certainement un des meilleurs.

Un autre musée appelé le Palais des Sciences et Arts, et plus communément la Brèra, a été établi dans l'ancien collége des Jésuites, vaste édifice de belle construction dans lequel est d'abord la Bibliothèque de l'Académie, composée de 170,000 volumes et d'au moins 1,000 manuscrits, puis le magnifique musée composé de plus de 400 tableaux à l'huile et de très belles fresques transportées des murs de quelques anciens couvents dont elles avaient jadis fait l'ornement, sur la toile. Dès l'entrée, dans la grande cour, entourée d'arcades et de galeries, avec un premier étage dans le genre de la cour d'honneur de l'hôtel des Invalides de Paris, et datant probablement de la même époque, on se sent au milieu d'un temple des Arts. De fort belles statues ornent la cour ; au milieu, une grande statue en bronze paraissant marcher d'un pas rapide et assuré, s'appuie de la main gauche sur un long bâton et tient dans la droite un globe surmonté d'une statue de la Victoire. Cette figure allégorique représente Napoléon Ier et est un des chefs-d'œuvre de Canova. Elle m'a paru fort belle, mais la forme académique représentant des sujets modernes ne me semble plus de nos jours et un petit vêtement n'aurait pas déparé l'œuvre du grand maître. Dans la reproduction d'un personnage moderne, ce qu'on doit avant tout chercher, c'est la ressemblance ; toute l'attention doit se porter sur la figure, et quelques vêtements devenus historiques serviraient mieux à le faire reconnaître que sa nudité complète. Nous avons la preuve de ce raisonnement, dans le malencontreux changement qu'on a fait subir à Paris, à la colonne de la place Vendôme : l'ancienne statue qui la surmontait portait la redingote et le petit chapeau, connus de l'Europe entière, c'était le Napoléon populaire chanté par Béranger; celui qui avait, dans ce costume, guidé ses soldats à la victoire, chacun le reconnaissait, de quelque côté qu'on le vît. On a, sous prétexte d'art, réformé l'ancienne statue, et on l'a remplacée par un empereur romain. Qu'il soit de convention de l'appeler Napoléon Ier, c'est possible, mais personne en le regardant ne reconnaîtra celui qui, sous la pourpre et la couronne, portait un uniforme plus simple que le moindre de ses généraux. Admirons donc l'œuvre de Canova, en déplorant l'idée malheureuse qui l'a guidé dans sa composition.

De beaux escaliers conduisent au Musée, les antichambres contiennent les fresques, puis douze salles spacieuses offrent aux regards de grands et beaux tableaux, sortis des pinceaux des premiers maîtres de l'Italie. Un saint Gérôme du Titien, la Madone avec des anges et des saints par le Dominiquin ; la Vierge avec le corps du Christ, du Tintoret, une fort belle Annonciation de Timotéo Vite d'Urbain, les Noces de Cana, de Paul Véronèse, des Saints de Mantégna, un Christ de Garofolo, une Annonciation de Francia, une danse d'Amours de l'Albane, une Madone de Luini, Abraham et Agar, du Guerchin, un portrait de femme, de Van-Dick, la Madone et l'Enfant de Sassoferrato, le Martyre de Sainte Catherine par Gaudenzio Ferrari, peinture effrayante, tant elle est pleine d'effroi et de l'horreur du supplice, et encore beaucoup d'autres de Barroccio, de Piérre de Cortone, de Salvator Rosa, de Borgognone, de Bonifazio, et, au-dessus de toutes ces beautés, le Mariage de la Vierge, par Raphaël, que je ne vous décrirai pas, tant il est connu : nous l'avons vu partout reproduit par la gravure, rappelons seulement qu'il n'est pas possible de rencontrer de plus douces figures ni d'expression plus suave.

Le musée de la Brèra mériterait de longues et studieuses visites, tandis que le voyageur, toujours trop pressé, peut à peine lui en faire deux ou trois.

Sur la grande place d'armes est le Castello, ancienne résidence des Sforce et des Visconti ; à moitié fortifié à la façon des châteaux du moyen-âge, à moitié entouré de casernes modernes, il présente peu d'intérêt. Tout à côté sont les arènes élevées par les ordres de Napoléon Ier ; les gradins ne s'élèvent pas à une grande hauteur et pourtant leur étendue permet d'y placer 30,000 personnes.

En face du Castel, de l'autre côté de la grande place, l'empereur Napoléon Ier a fait élever en 1804 un fort bel arc de triomphe pour consacrer la mémoire de l'ouverture de la route du Simplon ; on l'appelait tout simplement alors l'arc du Simplon. Plus tard il fut achevé par l'empereur d'Autriche qui en fit changer les ornements et les bas-reliefs. Cet ouvrage est fort beau, c'est une haute porte à trois passages, calquée sur les similaires de

Rome, entièrement construite en blocs de marbre. La plate-forme porte un char attelé de six chevaux sur lequel est la déesse de la Paix ; aux quatre angles, sont des Victoires à cheval ; les inscriptions de ce monument sont déplorables et si ce n'était la douleur de détruire une belle œuvre d'art, les Milanais devraient les démolir. Cet arc, appelé de triomphe, contient l'histoire de leurs humiliations : d'un côté c'est l'entrée des Français sous l'Empire ; de l'autre, celle de l'empereur François, en 1825 ; puis, dans un bas-relief, la fondation du royaume Lombardo-Vénitien. Cet arc de triomphe, dressé par les ordres de Napoléon pour rappeler sa gloire, porte sous l'arche principale la création de la Sainte-Alliance, à l'ouest la bataille d'Arcis-sur-Aube, celle de Lyon, puis le congrès de Vienne, la prise de Paris, le traité de Paris, l'entrée des alliés à Paris, l'entrée du général autrichien à Milan en 1813. A cette époque, la gloire de l'Italie était unie à celle de la France.

Quelques inscriptions ont été effacées,

quelques bas-reliefs enlevés, on les a remplacés par des images appropriées aux circonstances actuelles, mais le fond reste le même ; c'est toujours la glorification des actes de l'Autriche. Cependant, une belle inscription, mise à la place de je ne sais quelle autre, porte à peu près ceci :

En l'an 1807, sous les auspices de Napoléon Ier, les Milanais érigèrent ce monument à l'espérance d'un royaume d'Italie.

Heureusement délivrés en 1859 par Napoléon III et Victor-Emmanuel, à la tête de leurs armées, les Milanais effacèrent les caractères de la servitude et inscrivirent ceux de l'indépendance.

De magnifiques boulevards conduisent de cette partie de Milan jusqu'à l'extrémité opposée de la ville ; on travaille à les compléter, et dans peu ce sera la plus belle enceinte de verdure que l'on puisse trouver. Vers le milieu des boulevards actuels, il en est un préféré entre tous les autres, il passe devant le jardin public et sert de promenade aux personnes en voiture et aux cavaliers. Chaque jour on y rencontre de brillants équipages et des femmes élégantes. Ces dames descendent rarement au jardin, cependant il est fort attrayant.

L'ancienne promenade se composait de belles avenues d'arbres avec quelques gazons au milieu, elle se trouvait près la porte de Venise, et s'étendait le long de la rue du même nom, qui, avant, portait le nom de l'empereur François. Mais, après la délivrance de la Lombardie du joug autrichien, on en consacra le souvenir en créant le nouveau jardin public devant la Porte-Neuve, communiquant à la gare du chemin de fer, et on l'étendit jusqu'à l'ancien jardin, de sorte qu'aujourd'hui les deux n'en forment plus qu'un. Cette belle promenade, d'une très grande étendue, a été dessinée en jardin anglais d'après les meilleures traditions : elle est ornée de nombreux parterres, de cours d'eau, de grottes, de rochers, et possède un beau et bon café au haut d'une colline élevée jusqu'au niveau du boulevard. A l'entrée sur une jolie place est la statue en bronze de Cavour, hommage rendu au grand patriote qui a tant fait pour la régénération de son pays.

La promenade se continue par la rue de Venise, le cours de Victor-Emmanuel, la place de la Cathédrale et, par une rue non encore élargie, revient gagner le jardin et la Porte-Neuve en passant sur la place du Municipio et devant le théâtre de la Scala.

Les piétons vont de la place de la Cathédrale à celle du théâtre par une splendide galerie garnie de brillants magasins et de cafés incessamment fréquentés. Le vitrage de cette galerie est à la hauteur d'un troisième étage; on a conservé au centre une vaste rotonde d'où partiront prochainement deux autres galeries, traversant la première et conduisant aux rues voisines. Chaque soir un splendide éclairage au gaz illumine cette promenade couverte et y attire beaucoup de monde. Je ne connais en aucune ville de passage aussi spacieux, ni disposé aussi habilement que l'est celui-ci;

les belles galeries St-Hubert, de Bruxelles, restent encore beaucoup au-dessous.

L'un des côtés du nouveau jardin public est bordé d'un beau monument contenant le Musée civique et renfermant une des plus riches collections de l'Italie ; je ne saurais vous dire quelle immense quantité de reptiles, d'oiseaux, d'animaux, de coquillages, de pétrifications, de produits géologiques s'y trouvent renfermés.

Des cours publics y sont faits chaque jour, devant de nombreux auditeurs; j'y ai entendu avec un vrai plaisir la parole correcte et suave de l'un de leurs professeurs.

Le théâtre de la Scala m'a paru magnifique, malgré ses dispositions froides et monotones comme celles de tous les autres théâtres de l'Italie. Mais je ne puis pas bien le juger, on n'y jouait pas lorsque je l'ai visité, et c'est bien différent de voir une salle éclairée par trois ou quatre quinquets, dans laquelle on n'entend que la voix du domestique chargé de vous conduire, ou de la voir resplendissante de lumière, animée par les accords de l'orchestre, par le chant des artistes et par les pirouettes provoquantes des danseuses.

Milan est une des villes d'Italie où je me suis plu davantage : le mouvement, l'animation dans les rues, l'aspect des magasins, les figures riantes m'impressionnaient agréablement, je m'y serais volontiers arrêté plus longtemps. Ce n'est ni l'air froid et triste de Rome, ni la gaieté turbulente de Naples ; c'est un milieu dans lequel il doit être agréable de vivre. Tout ce qui donne la prospérité ou les agréments de la vie s'y trouvent réunis, commerce, industrie, monuments, promenades, théâtres, musées, bibliothèques, rien n'y manque ; il y a du travail et des délassements pour la tête et pour l'esprit. C'est, avec Florence, ce que j'ai vu de mieux en Italie. Ces deux villes doivent être des résidences délicieuses.

TURIN.

XXXIX.

La ville de Turin est très ancienne, elle fut, dit l'histoire, détruite par Annibal, reconstruite plus tard, et devint la capitale du comté de Piémont. Les ducs de Savoie l'achetèrent en 1418, et en firent leur résidence.

En 1713, après le traité d'Utrecht, ils prirent le titre de rois.

Un coup d'œil sur la ville indique qu'elle était alors peu considérable, son importance est de date récente. Coupée par un grand nombre de rues, elle forme une foule de carrés rectangulaires, généralement ouverts sur quatre voies; on croirait voir une ville d'Amérique, tracée au cordeau par des ingénieurs maîtres du terrain.

La place du Château occupe à peu près le milieu de la ville; de ce point rayonnent, dans tous les sens, de belles et larges rues, entrecoupées par d'autres assez étroites, mais toujours droites.

Il y a peu de villes ornées d'autant de monuments, statues, obélisques, colonnes, que celle-ci; il n'est pas une place qui en soit privée. Quelques-uns de ces objets d'art sont très remarquables.

La grande place est entourée de belles arcades sous lesquelles de nombreux magasins ont été établis. Ces portiques se continuent dans toute la longueur de la rue du Pô; c'est là où sont les beaux cafés et les boutiques les plus élégantes.

De l'autre côté de la grande place se trouve la rue Dora Grossa, elle conduit à la place du Statut, entourée de magnifiques maisons de construction récente.

Au milieu de la grande place, est situé le vieux château, appelé Palais-Madame, parce que la mère du roi Victor Amédée l'habita après la mort de son époux. C'est le monument le plus disgracieux et le plus mal placé qu'on puisse imaginer; il masque de tous côtés la vue de la magnifique place, dont il occupe le centre. Il coupe la perspective de la belle rue du Pô, de la rue Dora Grossa et de la rue Lagrange. Du côté du Pô, il se compose des restes du château moyen-âge avec tours, crénaux et tourelles, élevé par les ducs de Savoie. La face tournée vers la rue Dora Grossa est une riche construction du commencement du xviiie siècle, avec colonnades en marbre, beaux chapiteaux et ornements de l'époque. Ces deux parties si différentes, sont accolées l'une à l'autre, comme ces têtes doubles que l'antiquité se plaisait à produire.

L'intérieur du vieux château a été modernisé, et pour y faire pénétrer le jour, dont de très petites croisées étaient avares, on y a percé quelques grandes fenêtres, tout étonnées, sans doute, de se trouver aux murailles d'un château qui n'en comportait pas.

Devant l'entrée principale, est un soldat piémontais, s'enveloppant dans son drapeau ; ce joli groupe a été élevé par les Milanais en l'honneur de l'armée sarde, venue avec l'armée française les délivrer du joug autrichien.

Sur le côté, au fond d'une vaste cour, toujours ouverte au public quoique des grilles permettent d'en fermer le passage, est le palais du roi, vaste monument construit en briques avec peu d'ornements, paraissant plutôt une caserne que la demeure du souverain ; mais l'intérieur est essentiellement différent, car il est autant orné que la façade est simple. Les piliers de la grille d'entrée portent deux beaux groupes de bronze représentant Castor et Pollux.

Les appartements ont pour la plupart de magnifiques parquets, plutôt en marqueterie qu'en menuiserie, leurs dessins sont d'une élégance extrême ; chaque pièce est ornée de dorures, de marbres et d'excellents tableaux. L'un d'eux représente le combat de Palestro soutenu si vaillamment par l'armée italienne et le 3ᵉ régiment de zouaves français ; tout l'honneur est pour ces derniers, au milieu desquels Victor-Emmanuel semble combattre comme un simple officier. L'un de ces appartements contient une très belle collection de porcelaines, de vases et d'objets chinois et japonais. Le service intérieur des appartements est fait par des gardiens portant un uniforme ayant beaucoup de ressemblance avec celui des gardes du corps de Charles X, alors qu'il n'était que comte d'Artois ou des gardes-nobles du Pape.

Ces splendides appartements sont consacrés aux réceptions d'apparat, le roi et sa famille occupent au second étage des appartements très simplement ornés.

Une des ailes du palais contient l'Armeria Reale, musée militaire fort intéressant. A côté des chevaliers armés de toutes pièces, et des chevaux bardés de fer, se trouvent des armes ayant appartenu à la plupart des grands personnages des derniers siècles.

La chapelle du palais, renfermant les tombeaux des ducs de Savoie, est des plus remarquables ; le marbre presque noir, dont elle est construite, fait distinguer parfaitement les sculptures et les ornements des monuments en marbre blanc placés au pourtour. On y remarque surtout la statue assise de la reine, morte en 1855, avec cette inscription : « *Conjugi dulcissimæ Mariæ Adelaide posuit Victorius-Emmanuel 1856.* »

Sur l'autel, une grande urne renferme le Saint-Suaire, dans lequel fut enseveli le corps du Christ ;

La lumière vient du haut de la voûte, ce qui produit un excellent effet.

On a tiré admirablement parti de la situation de cette chapelle, élevée de 7 à 8 mètres en arrière du maître-autel de la cathédrale, qui y est adossée ; elle n'en est séparée que par un vitrage, et semble en faire partie. Lorsqu'on entre dans la cathédrale par le grand portail, la vue se dirige naturellement sur le chœur, richement orné, sur cette chapelle du Saint-Suaire qui le domine, et dont la voûte, légèrement éclairée, laisse voir ses splendides tombeaux de marbre blanc. Il serait difficile de trouver une plus heureuse disposition.

Si la capitale du Piémont rend hommage à ses souverains et aux membres de leur famille, qui se sont illustrés au service de la patrie, elle sait aussi glorifier les hommes illustres que le pays a produits, et perpétuer le souvenir des grands faits de son histoire. Ainsi, d'un côté, la belle statue équestre en bronze, d'Emmanuel Philibert, modelée par Marochetti ; sur la place de l'Hôtel-de-Ville, le monument d'Amédée VI, surnommé le *Comte vert ;*

devant le péristyle du même hôtel, les statues de marbre du prince Eugène, mort en 1736, et du prince Ferdinand, frère du roi; dans la halle, celle de Charles Albert. A côté de ces souvenirs princiers, nous trouvons, au milieu de la cour de l'Arsenal, un monument en bronze en l'honneur du soldat Pietro Mica, qui sauva la citadelle en faisant sauter une mine au moment où l'ennemi allait y pénétrer.

Sur la place Carignan, une belle statue de Gioberti, l'un des plus ardents propagateurs des idées de liberté et d'affranchissement de l'Italie. A la Bourse, la statue du comte de Cavour.

En face de la statue de Ch. Albert, une table de pierre porte les noms des militaires de tous grades, nés à Turin, tués dans les campagnes de 1848 et de 1849.

Le monument Siccardi, sur la place de Savoie, érigé pour perpétuer la mémoire de l'abolition des juridictions ecclésiastiques; les noms de toutes les villes et provinces qui votèrent cette suppression sont gravés sur l'obélisque.

La maison où naquit l'illustre ministre Cavour, porte une plaque commémorative, placée par le Conseil municipal de Turin.

Ainsi, les citoyens dévoués qui ont sacrifié leur position, leur avenir, leur vie, au service du pays, reçoivent un témoignage d'estime et de reconnaissance, juste récompense dont ils peuvent rarement jouir pendant leur vie.

Les monuments religieux de Turin offrent peu d'intérêt : ils sont, comme toutes les églises d'Italie, surchargés d'or, de marbre, de mosaïques et de couleurs; mais aucun d'eux ne mérite une mention particulière.

Sur la rive droite du Pô, une église à coupole, avec une belle façade et de hautes colonnes de granit, porte le nom bizarre de la Grand'Mère de Dieu. Près de là, sur une colline boisée, s'élève le couvent des Capucins, d'où la vue très étendue offre un magnifique panorama. Cette colline joua un grand rôle dans les combats livrés autour de Turin, elle fut fortifiée jusqu'en 1802, et couvrait la rivière et la ville de ce côté.

L'église de la Superga, élevée sur la montagne de ce nom, à quelque distance de Turin, renferme les sépultures royales; sa belle coupole, précédée d'une colonnade imposante, se voit de loin et attire l'attention. De tous les environs de Turin, c'est le lieu d'où la vue a le plus d'étendue et de variété, les montagnes encadrent dignement le splendide tableau que l'on a sous les yeux.

Le jardin public, promenade très fréquentée, s'étend le long de la rivière, jusqu'au palais Valentino, joli édifice entouré de jardins, un peu délaissé depuis que Victor-Emmanuel n'habite plus Turin. La promenade n'en est pas moins belle : on a placé au centre du jardin public, un monument en l'honneur de Daniel Manin, avec ces mots : « *Unification, indépendance de l'Italie.* »

L'ensemble de la ville de Turin est assez sombre, l'excessive régularité de ses rues la rend monotone; elle est moins gaie, moins brillante que Milan. Cependant les Français y sont fort à l'aise, leur langue y est parlée autant que l'Italien; on sent que si le Piémont et la Savoie ont été parfois au rang des ennemis de la France, ils ont aussi souvent compté parmi ses alliés.

LES FEMMES.

XL.

Je suis à peine revenu et plus de vingt fois, j'ai entendu déjà la même question, « les Italiennes sont-elles jolies ? » Hélas, Mesdames, je ne puis vous répondre que par une banalité, les femmes sont partout les mêmes, quelques-unes belles ou tout au moins jolies, quelques-unes laides et l'immense majorité, ni belles ni laides ; ce juste milieu, qui s'étend des confins de la beauté à celle de la laideur, où la préférence naît de la grâce, du charme, de la gentillesse, de l'élégance, de ce que chez nous on a qualifié de « je ne sais quoi, » suffisant pour attirer les regards, les hommages des hommes et la jalousie des femmes.

En Italie comme en France, quelques contrées ont la réputation, plus ou moins méritée, de produire des femmes belles et gracieuses; j'avoue que je n'ai pas pu constater ce privilège, partout le mélange m'a paru le même.

Souvent la réputation de beauté tient à la coupe du vêtement où à l'élégance de la coiffure.

Ce n'est pas la première fois que je fais cette observation, les différents pays offrent des types particuliers, mais ces types ne constituent pas la beauté. Ainsi, en Espagne, les femmes sont généralement brunes; en Allemagne, blondes; en Angleterre, châtain; mais s'il y a des brunes très belles, il s'en trouve aussi de fort laides, il en est de même des blondes et de celles de toutes les nuances.

La femme italienne se rapproche beaucoup des Espagnoles, surtout dans les contrées méridionales ; brune, petite, bien faite, elle est surtout remarquable par sa vivacité et sa désinvolture ; elle ne brille pas par une beauté hors ligne, mais elle est fort agréable.

Dans le nord de l'Italie, les costumes sont les mêmes qu'en France ; dans le sud, il en est de même pour les femmes du monde ; le peuple seul s'habille suivant la coutume du pays, encore n'est-ce remarquable que dans les campagnes, dans la plupart des villes, on se croirait en France.

LE CARNAVAL.

XLI.

En Italie, le carnaval se fête longuement et gaîment, on s'y prépare, on imagine des surprises, des galanteries; les fleurs et les bonbons en font les frais, de petits bouquets se lancent par milliers dans les voitures ou sont envoyés des voitures aux fenêtres; puis le combat s'engage avec ce qu'on nomme les confetti, petits bonbons de farine légèrement sucrés, bons seulement à faire des projectiles; on en jette des quantités énormes, le sol en est jonché, ce qui n'empêche pas de faire parvenir à bonne destination d'excellents confetti et de beaux bouquets.

Tout ceci serait fort amusant, si l'abus n'était à côté de l'usage : des gamins se font un plaisir de lancer avec force et de très près des bonbons mélangés de pois ou de haricots secs, au risque de blesser ceux qui les reçoivent, aussi est-il d'usage de se munir de masques en fil de laiton pour se préserver la figure; ils y joignent quelquefois de la farine, de la poudre de charbon, des ordures, nous nous accommodons peu de cette licence; à Nice, l'autorité a proscrit tous les projectiles autres que fleurs ou bonbons, mais malgré l'ordonnance quelques traîtres haricots se glissent encore dans les sacs et vont labourer les figures trop découvertes; au surplus ils ne sont ni plus durs ni plus malfaisants que les boulettes de farine sucrée, que l'on autorise à lancer.

Il est encore un plaisir de la foule dont il faut se défier, on admet le vol, ou plutôt la soustraction des sacs de bonbons.

Malheur à l'inattentif qui ne garde pas ses munitions avec une grande vigilance, s'il les lâche un moment, elles lui seront enlevées et peut-être lui enverra-t-on ce qu'il destinait à d'autres ; je venais d'acheter deux sacs de dragées, je les posai sur le devant de la voiture, juste pour le temps de monter et de m'asseoir, mes deux sacs avaient disparu ; heureusement j'avais vu mon voleur; sauter à bas de la voiture, le rattraper, me ressaisir de ma propriété et regagner mon véhicule fut l'affaire d'un moment, mais je lui avais administré un soufflet sur la joue et un coup de pied ailleurs, cela provoquait des murmures. J'avais contrevenu aux usages, en pareil cas, tout est permis à l'adresse, rien à la force.

ARONA. — LES LACS.

XLII.

Le chemin de fer nous amène à Arona, nous quittons le pays des arts pour admirer les richesses de la nature, les lacs et les montagnes. La main de l'homme n'est pour rien dans leur création, et cependant elle se fait encore sentir. L'industrie humaine permet de parcourir et de visiter rapidement tous ces lieux que nos ancêtres devaient croire à l'abri des invasions de l'homme. De nombreux bateaux à vapeur parcourent les lacs ; des routes admirablement tracées les entourent, et traversent même des montagnes que l'on croyait infranchissables.

Lorsque le lac n'est point agité par le vent, son eau claire et transparente laisse voir une profondeur immense; le temps est si beau, l'air est si doux, la nacelle se balance si mollement qu'on est attiré vers elle, et involontairement on s'abandonne à la direction d'un nautonnier, dont l'expérience est une sûre garantie contre les dangers de la navigation.

Une promenade ravissante sur ce lac si bien entouré conduit à Angera, petite ville où les habitants semblent vivre pour respirer le soleil et humer la légère brise humide que le lac leur envoie. Des quinconces règnent dans toute la longueur du quai et procurent un agréable ombrage. A côté, est un château-fort ruiné, construit par un des membres de la famille Borromée.

Une course en voiture mène à la statue de saint Charles Borromée, archevêque de Milan, célèbre par sa piété fervente et par son dévoûment au troupeau que l'Église lui avait confié. On se rappelle qu'au moment où la peste sévissait avec le plus de furie à Milan, saint Charles donnait l'exemple du courage en allant visiter les malades, en leur portant les consolations de la religion, les secours de l'âme et ceux du corps. Confiant dans la bonté divine, il ordonnait des processions et y assistait pieds nus, espérant à force d'humilité et de prières, désarmer la colère de Dieu à laquelle on attribuait le fléau dévastateur de la contrée. L'archevêque fut sanctifié et l'on conserva pieusement tout ce qui pouvait perpétuer son souvenir. Une statue colossale lui fut élevée sur un monticule près d'Arona, elle est haute de 21 mètres sans compter le piédestal d'environ 15 mètres. Trois hommes peuvent, dit-on, tenir debout dans la tête et un s'asseoir dans le nez; il est vrai qu'il l'avait d'une longueur démesurée si l'on s'en rapporte à ses portraits et à ses statues. Un escalier est pratiqué dans le monument même, mais, pour y arriver, il faut monter au haut du piédestal au moyen d'une échelle, et, pour s'y introduire, se glisser par un des plis de la robe du saint. Je me suis, je l'avoue, contenté de ma visite extérieure et n'ai pas voulu déranger les chauves-souris et les araignées dont l'intérieur est garni. Cette statue ne m'a paru d'ailleurs avoir de remarquable que ses grandes dimensions. La petite ville d'Arona est propre, quoique mal bâtie, et ses rues resserrées, un séjour prolongé n'y serait pas agréable, mais elle est le terme du chemin de fer et le débarcadère des bateaux.

Le magnifique Lac-Majeur mérite bien sa réputation ; ses rives sont couronnées de montagnes, et, à l'extrémité, on aperçoit les neiges éternelles du Simplon, du mont Rose et des hautes cimes qui l'entourent ; de petites villes très rapprochées les unes des autres garnissent ses bords ; de nombreux bateaux le sillonnent et rendent les communications faciles et fréquentes. Mais ici, comme sur tous les lacs d'Italie, les bateaux ont l'habitude de n'approcher des débarcadères que lorsqu'ils doivent y déposer un certain nombre de voyageurs ou des marchandises d'un grand poids ; autrement des barques viennent les aborder au large. Cette coutume fait gagner un peu de temps, c'est vrai, mais elle est fort incommode.

Peu de temps après avoir quitté Arona on aperçoit les îles Borromées, si célèbres dans l'histoire du lac, cependant elles me paraissent avoir usurpé une partie de leur grande réputation. Elles sont chargées de verdure, de grands arbres et de quelques belles habitations dont les jardins en terrasses superposées s'élèvent au sommet du rocher. L'*Isola bella* porte le château que le comte Vitalio Borromeo y fit construire ; la pierre schisteuse était nue, il la fit tailler en terrasses qu'il couvrit de terre végétale. Il put alors y cultiver les arbres aimant le soleil méridional, tels que les cactus, les aloës, les magnolias, les orangers, etc., etc. Rien ne fut épargné pour rendre agréable ce lieu de loisir ; on y établit des grottes, des berceaux, des jets-d'eau, souvent à sec, des statues, des vases et autres ornements. Mais avec tout cela la promenade dans ce jardin, composé de dix terrasses, est peu agréable ; ajoutons que, malgré quelques grands arbres, l'ombrage y est rare et la chaleur souvent excessive.

L'*Isola madre* ressemble beaucoup à sa voisine, le rocher a été taillé en sept terrasses, plantées d'orangers en espalier ; sur le versant du nord, on a établi un jardin anglais où la promenade est plus agréable que dans la partie sud. On y trouve des aloës énormes.

Près de là est l'île *dei Pescatori*, moins aristocratique, habitée seulement par les nombreux pêcheurs auxquels elle appartient ; vue de la rive ou du bateau à vapeur, elle présente un charmant aspect, ses petites maisons blanches se détachent sur les masses de verdure plus compactes que les avenues symétriquement plantées de ses deux rivales. Le charme le plus grand de ces îles est la vue délicieuse dont on y jouit de tous les côtés.

Au sud et à l'est les plaines fertiles de l'Italie, à l'ouest et au nord les montagnes allant en grandissant jusqu'au bout du lac, où elles se terminent par une foule de cimes se montrant les unes au-dessus des autres jusqu'aux régions neigeuses. Le mouvement continu des bateaux à vapeur et des barques donne au lac une animation incessante.

Les villes que l'on rencontre sont toutes, fraîches, propres et blanches; des montagnes couvertes de bois les dominent, chaque promontoire présente une villa moderne ou les restes de quelques châteaux du moyen âge, puis on se dirige vers Locarno, l'un des chefs-lieux du canton du Tessin. Cette petite ville, malgré son annexion à la république helvétique, est tout italienne par le langage, les mœurs et les habitudes. Elle n'a rien de bien remarquable, mais les amateurs du pittoresque et des sites sauvages ne négligent pas une ascension à la Madona del Sasso, située à 354 mètres au-dessus de la ville. On y accède par deux chemins, dont l'un en zig-zag traverse une jolie forêt, et l'autre mène au pied de l'église en passant par un chemin assez rude, devant des stations de pélerinage. Un couvent placé près de l'église, est la demeure des Capucins chargés de la desservir.

La chapelle principale est remplie d'ex-voto, de gravures et d'images dédiées à la madone.

Rien n'est plus joli que la vue dont on jouit de la terrasse disposée devant le porche de l'église; elle s'étend sur le lac, les montagnes et les villes de l'autre rive qu'on aperçoit dans le lointain.

Le lendemain, le bateau nous conduisit à Luino; l'aspect gracieux de cette petite ville nous détermina à y séjourner quelque peu, avant de dire adieu au Lac Majeur. Nous fûmes bien récompensés de notre détermination, non par les curiosité de la ville, qui n'en présente aucune, mais par une promenade dans la campagne à travers des sites délicieux. Après avoir marché assez longtemps par des sentiers verdoyants, au milieu de cultures luxuriantes, dans des allées parfumées par les fleurs des acacias et des ébéniers, nous fûmes tout à coup attirés par un bruit qui nous semblait être celui d'une cascade s'élevant du milieu d'un bois. Après avoir descendu un chemin long et rapide, nous nous trouvâmes tout-à-coup au bord d'un magnifique torrent, bondissant de rochers en rochers sur une vaste étendue, non sous la forme d'une cascade, mais sous celle d'une chute au fond d'un ravin ; à l'un des tournants du vallon, était un petit moulin de forme primitive, appelé le moulin de Creva, un bâtiment en bois couvrant plusieurs roues établies sur le torrent, à côté la maison du meunier. Rien n'était plus pittoresque que ce lieu isolé du monde, entre les bois, la montagne et l'eau mugissante ; le temps se prêtait d'ailleurs parfaitement à exciter notre admiration. Les rayons du soleil, perçant à travers les arbres, allaient éclairer les gouttes de l'eau jaillissante et leur donnaient par moment l'apparence d'étincelles. Nous restâmes sous le charme jusqu'à ce que la cloche de Luino nous rappelât, par ses sons éloignés, la distance que nous avions à parcourir pour rentrer au logis. Plusieurs garçons meuniers s'étaient montrés un instant en nous entendant arriver, mais la vue de quelques dames de notre société les mit en déroute ; je retins cependant l'un d'entr'eux qui, après quelqu'hésitation, me parut enchanté de parler français et de me dire que, quoique suisse, il avait fait la campagne d'Italie comme volontaire dans l'armée italienne, en compagnie de Français qui lui avaient appris notre langue.

Nous traversâmes encore de riches campagnes et nous rentrâmes fatigués de plusieurs heures de promenade en montagne, sous un soleil ardent, mais enchantés de notre découverte.

LUGANO.

XLIII.

De Luino, une route délicieuse tracée sur le flanc de la montagne conduit à Lugano ; un magnifique torrent descend vers Luino ; des collines couvertes d'arbres s'élèvent sur la rive opposée ; l'eau de ce torrent est tout simplement le trop plein du lac de Lugano qui, plus élevé que le Lac-Majeur, se déverse vers lui. Rien n'est plus riant et plus pittoresque que cette eau claire et limpide roulant et bondissant sur un fond de rochers avec les reflets d'une splendide verdure. Aux deux tiers de la route, nous traversons un petit village, autrefois fortifié, et dont la porte domine et couvre encore le chemin. Aussitôt après, on est au bord du lac de Lugano, terminé par la montagne de San Salvatore, masse épaisse, ronde, noire partout où elle n'est pas couverte de verdure, taillée presqu'à pic; plus loin, en retour sur l'autre rive, la jolie petite ville de Lugano, l'un des chefs-lieux du canton suisse du Tessin, étale ses maisons blanches sur le bord du lac.

Cette route charmante dont la fraîcheur est toujours entretenue, d'un côté par le lac, de l'autre par la montagne, offre à chaque instant des sites ravissants; on trouverait difficilement les semblables.

La route contourne le mont San Salvatore, et, après avoir descendu une côte extrêmement longue on arrive à l'hôtel du Parc, l'un des meilleurs et des plus confortables de Suisse et d'Italie. Installé dans un ancien monastère, il en a conservé la plupart des bâtiments, et un très joli parc dont il a fait son nom. La disposition des appartements particuliers et des salles communes indique ce qu'est le pays, c'est-à-dire un séjour délicieux où beaucoup de familles viennent passer les mois d'hiver ou d'été, fuyant ainsi le grand froid ou la grande chaleur. Ce petit pays privilégié compte 6,000 habitants, il est préservé du froid par des montagnes couvertes de forêts de châtaigners et de noyers; l'aloës y pousse en pleine terre.

Les bords du lac sont parsemés de jolis villages dont les maisons blanches s'aperçoivent de loin comme des oasis au milieu de la verdure ou des rochers. La ville a fait établir une charmante terrasse le long de son rivage; c'est la promenade ordinaire des habitants et des étrangers séjournant à Lugano.

La ville a un aspect tout italien; les rues dallées de granit, bordées d'arcades sous lesquelles les habitants se livrent à leurs travaux, rappellent en petit, Bologne, Padoue, etc.

Les propriétaires de plusieurs villas se font un plaisir de les ouvrir aux étrangers ; on y est reçu avec toute l'affabilité italienne.

Il y a peu d'années encore, Lugano possédait un certain nombre de couvents ; les hasards de la politique les ont fait disparaître ; il n'en subsiste que deux, encore est-il probable qu'avant peu de temps ils cesseront aussi d'exister ; la mort décime leur population et il ne se présente que peu de néophytes pour remplacer ceux qui sont partis.

Le couvent dans lequel s'est établi l'hôtel du Parc, *Santa Maria degli Angeli*, avait une église enrichie de belles fresques de Luini ; elles sont encore en assez bon état, mais l'humidité les menace d'une ruine prochaine.

Quelques monuments constatent le goût des arts et l'amour de la sculpture. Le propriétaire d'une des plus jolies villas, M. Ciani, a fait élever dans son parc un très beau tombeau de famille sur lequel on remarque une femme en pleurs, admirablement réussie.

Une fontaine sur le quai est surmontée d'une statue de Guillaume Tell, haute de huit pieds, sur un piédestal qui en a douze. Plus loin, un monument élevé à la mémoire du capitaine Cartoni, tué en Italie lors de la guerre de l'indépendance, prouve que cette petite ville, liée à la Suisse par des traités, est restée italienne de cœur comme elle l'est de langage.

Lugano sert de point de départ à de nombreuses excursions en montagnes; celles de San Salvatore et de Monte Bré sont surtout recommandées.

Le lac est sillonné de bateaux à vapeur allant à Porlezza, où on trouve de nombreuses voitures pour Menaggio.

Je ne puis quitter le lac de Lugano sans dire combien il est joli, je n'hésite pas à le préférer au Lac-Majeur et à l'égaler au lac de Côme. Sa petite étendue permet d'en suivre les contours ; complètement entouré de montagnes, son aspect est sérieux, mais la verdure et les vignobles qui les couvrent leur donnent une physionomie riante dont le charme ne se dissipe que lentement.

Les voitures de Porlezza ne sont pas parfaitement confortables, mais il ne s'agit que de quelques lieues pour gagner Menaggio, par une route charmante au fond d'un vallon. Une pente rapide mène au bord du lac de Côme. Les voitures sont en correspondance avec un bateau qui le parcourt d'un bout à l'autre.

Lorsque nous arrivâmes à Menaggio, une tempête venait de s'élever, le lac était très agité, la barque ne put gagner le bateau et nous fûmes forcés de rester jusqu'au lendemain dans cette petite ville, parfaitement insignifiante. Mais nous fûmes bien récompensés de cette petite contrariété en nous rendant à Cadenabbia, dans une barque commode. Les eaux s'étaient calmées, le temps était délicieux, nous pûmes admirer tout à notre aise les bords tout à la fois riants et pittoresques de ce lac tant renommé.

La petite localité de Cadenabbia se compose d'un très petit nombre de maisons, dont une seule, occupée par l'hôtel de Bellevue, a vraiment de l'importance; devant l'hôtel, vaste, confortable et bien tenu, s'étendent une terrasse et un quinconce assez étendus. C'est là qu'est le petit port du pays, le débarcadère des bateaux à vapeur; c'est là que se trouvent les barques élégantes dont on se sert pour la promenade. Il est probable qu'autrefois cet endroit était le centre de la navigation du lac, car on le nommait Cà (abréviation de casa) de Navia dont, par corruption, on a fait Cadenabbia.

Au bout de la promenade est située la villa Carlotta, précédemment Sommariva, édifiée par le comte de ce nom, adorateur passionné des arts, connaisseur et ami de tous les artistes En 1843. il vendit cette propriété à la princesse Albert de Prusse pour une somme d'environ six cent mille francs, mais il ne put renoncer entièrement à son lac chéri, il se réserva une petite chapelle mortuaire destinée à recevoir ses restes,

Ce domaine est aujourd'hui la propriété du prince régnant de Saxe Meningen, gendre de la princesse. Le parc, assez joli, contient une grande quantité d'arbres précieux, de magnifiques cyprès et de beaux citronniers; mais la partie la plus intéressante de l'habitation est l'espèce de musée que le comte de Sommariva y avait réuni; la salle de marbre contient une frise composée des célèbres bas-reliefs de Thorwaldsen représentant le triomphe d'Alexandre. Ce beau travail a été payé pres de 425,000 francs à l'artiste.

De délicieux groupes dus au ciseau de Canova ornent cette pièce; on y remarque sainte Madeleine, Palamède, Vénus et Pâris, et au-dessus de tout l'Amour et Psyché, Mars et Vénus par Acquisti; puis dans d'autres salles encore des sculptures et quelques bons tableaux.

Le lac de Côme est riche en villas remarquables : la villa Raimondi, la villa d'Este, longtemps habitée par la reine d'Angleterre; la villa Pizzo, propriété de l'archiduc Renier d'Autriche; la villa Passalaqua, remarquable par ses nombreuses croisées; la villa Colobiano avec une haute pyramide en l'honneur de Joseph Frank, professeur de l'Université de Pavie, les villas Gaggi, Galbiati, Balbianello, Vigoni, Calderara et Lasqueze ; la belle maison à quatre tours anciennement construite par le cardinal Gullio.

Sur la rive orientale, une multitude de châteaux et de villas se montrent à l'œil étonné; c'est d'abord la villa Troubetskoï, élevée par l'un des princes russes de ce nom; la villa Taglioni, appartenant actuellement à son gendre, prince de Troubestkoï; la villa Bocarmé, construite par la comtesse belge de ce nom, que l'on ne peut prononcer sans penser nicotine; la villa Pasta, propriété de la célèbre cantatrice qui s'est illustrée sur la scène italienne de Paris ; la petite ville de Torno, entourée de fraîches et riantes maisons de campagne. A côté, au fond d'une baie, à l'entrée d'une gorge resserrée, est la villa Plinania, construite en 1570 par le comte Anguissola, ayant appartenu récemment à la princesse Belgiojoso, dont le nom s'est trouvé mêlé à tous les événements politiques de l'Italie en 1848, époque où elle brillait au premier rang parmi les patriotes les plus dévoués et les plus entreprenants.

Une singularité géologique se remarque dans cette villa, c'est une source dont le niveau change chaque jour, comme le flux et le reflux de la mer; Pline en fait mention dans son Histoire naturelle, ainsi que le constatent quelques passages de ses écrits, transcrits sur les murs de la cour.

Le nom de Pliniana a été donné à cette villa en mémoire des pages qu'il lui avait consacrées.

Presqu'aussitôt après avoir passé Cadenabbia, le bateau se dirige vers la rive opposée pour se rendre à Bellaggio; tout-à-coup on découvre le lac de Lecco, autre bras du lac de Côme, s'écartant presque parallèlement à celui que nous venons de parcourir, dans une longueur et une largeur à peu près égales. Le lac de Côme forme un Y dont l'un des bras mène à Côme et l'autre à Lecco.

Au pied du promontoire, où les eaux du lac se divisent, est situé Bellaggio, lieu charmant, ravissant, d'où la vue s'étend sur les trois branches du lac et sur les hautes montagnes qui le séparent de la Suisse. De là, l'œil embrasse presque toutes ses rives, les villes, les villages, les villas établis en grand nombre sur ses bords, les coteaux cultivés et les montagnes neigeuses ; c'est un résumé de ce que la nature a de grand, de majestueux, de sévère et d'agréable.

Si ce petit lieu de Bellaggio jouit de vues splendides, il est aussi l'ornement du lac. Les deux hôtels situés sur la rive sont chaque soir brillamment éclairés et aperçus de très loin. Ainsi vus du milieu des eaux, ils produisent le plus bel effet. A côté est la villa Serbelloni, la villa Balbaniello, la villa Carlotta, d'où l'on découvre tout le lac de Lecco, la villa Giulia, propriété de la famille royale de Belgique, plusieurs autres villas considérables et enfin la villa Melzi, aussi riche en objets d'art que la villa Sommariva. Ce sont des copies en marbre de bustes antiques, exécutées par Canova ; beaucoup de bustes portraits et quelques statues. Les pièces sont décorées de fresques indiquant la destination de chacune d'elles. Dans la salle à manger, des génies présentent des fruits, des légumes, du gibier ; un jeune Bacchus préside à la distribution des vins.

Un salon dédié à Napoléon Ier, conserve un portrait de l'empereur en costume de président de la république italienne ; le jardin, rempli de superbes magnolias, de camélias gros comme des arbres, d'aloës gigantesques, offre tous les charmes de la végétation méridionale.

Le bateau à vapeur amène rapidement à Colico, petite ville sans intérêt que l'on se hâte de fuïr pour se rendre à Chiavenna, traverser le Splügen et descendre dans les vallons de la Suisse.

CHIAVENNA.

XLIV.

Chiavenna, petite ville sombre, entourée de montagnes élevées, au pied desquelles coule la Maira ; on y trouve les ruines considérables d'un ancien château-fort ayant appartenu en dernier lieu à la famille de Salis ; il soutint un grand nombre de siéges, d'assauts, et fut enfin complétement ruiné. Du haut des terrasses on en voit encore les dispositions intérieures, on peut juger de ce qu'il était au temps de sa splendeur. Maintenant les vignes ont envahi les fossés et les remparts ; la treille a remplacé les appareils belliqueux.

L'église San Lorenzo n'a d'intéressant qu'un baptistère très-ancien, orné de bas-reliefs assez bien conservés ; à côté est le Campo Santo, entouré d'arcades et de galeries, imitation lointaine du Campo Santo de Pise ; un très-joli coup d'œil s'élève de ce lieu. Près de l'église, deux ossuaires contiennent une grande quantité d'ossements, entassés et disposés de manière à reproduire quelques-uns de ces dessins copiés dans les catacombes.

Chiavenna tire son nom de sa situation, elle est tout à la fois la clef de l'Italie et celle de la montagne ; elle barre la seule route descendant du Splügen ; elle dut être autrefois une position stratégique très-importante.

LE SPLÜGEN.

La traversée du Splügen est des plus saisissantes, elle s'est divisée pour nous en plusieurs fractions :

De Chiavenna à Campo-Dolcino.   3 h.
Séjour.   1
De Campo-Dolcino au sommet .   3   1/2
                                 ―――――――
                                 7   1/2
Le plateau.   1   1/2

La descente est presqu'aussi longue que la montée ; il faut donc compter environ 17 à 18 heures pour aller de Chiavenna à Coire.

On s'est élevé à une hauteur de 2,117 mètres pour le passage du col, surmonté lui-même par des cimes très élevées.

La traversée des hautes montagnes ne se fait jamais sans de grandes émotions ; les pentes sur le flanc desquelles s'étend la route présentent des précipices toujours grandissant, et l'on est ému lorsqu'après avoir parcouru huit ou dix lacets à angles très aigus on en voit encore au-dessus de soi un nombre au moins égal qu'il faudra franchir.

La route n'était autrefois qu'un sentier de mulets, elle a été élargie par fractions depuis 1848 et rendue suffisante pour le passage facile de deux voitures, mais elle n'a pas de garde-fou, et lorsqu'une voiture attelée de trois ou quatre chevaux tourne à l'une des pointes du zig-zag, les chevaux du premier rang ont les pieds sur le bord du versant ou contre la roche ; cependant à chacun des tournants on a mis de légères rampes en bois, suffisantes pour protéger un piéton, mais non pour retenir un attelage emporté ou mal dirigé. Près du village de Pianazzo, le Modesimo lance du rocher ses eaux abondantes dans un vallon de 700 pieds de profondeur.

Vers le sommet, un autre genre d'émotion se présente : les avalanches y sont fréquentes, les neiges descendent des cimes, en masses compactes, et emportent tout ce qui se trouve sur leur passage. Pour préserver la route de leurs ravages, on a construit, aux endroits qu'elles parcourent le plus ordinairement, trois galeries de 227, 209 et 497 mètres de longueur. Si l'avalanche est imminente, les voitures et les voyageurs restent sous ces galeries jusqu'à ce qu'elle soit passée. Dans les endroits moins exposés, on a seulement élevé des maisons de refuge, basses, solides et largement édifiées en pierre, nommées *cantoniera;* nous en avons compté huit dans un assez court espace.

La montagne présente au sommet un plateau dont je ne saurais déterminer la largeur, mais notre voiture mit une heure et demie à le traverser ; là, comme sur les parties voisines de la route, montant et descendant, les neiges étaient agglomérées à une hauteur qui atteignait souvent six à sept mètres. Le chemin avait été frayé au milieu à coups de hache comme on le fait chaque année au moment où la neige commence à s'amollir; nous circulions entre deux murailles de neige glacée, assez rapprochées de nous pour que nous puissions, de chaque côté de la voiture, en prendre avec la main. De temps à autre des échappées de vue s'ouvraient près de nous et nous apercevions quelques petits vallons de verdure au milieu des cimes couvertes de neige.

L'ouverture de la route se fait avec une certaine économie; on sait que le soleil d'été viendra bientôt compléter l'œuvre de l'homme, aussi n'ouvre-t-on le passage que pour une seule voiture, en laissant de place en place des gares dans le cas où d'autres voitures viendraient croiser celles déjà engagées dans le chemin.

Sur le plateau, ce passage étroit ne présente pas beaucoup d'inconvénients, mais lorsqu'on arrive aux pentes rapides se développant en quinze ou vingt révolutions le long de la montagne, il n'y a plus de neige que d'un côté, et de l'autre le précipice toujours béant. Les angles aigus ne peuvent être tournés qu'avec une précaution excessive, on frémit en pensant qu'un faux pas d'un cheval ou un défaut d'attention du conducteur pourrait faire rouler la voiture de plusieurs centaines de mètres d'élévation. On se sent, je vous assure, le cœur moins serré lorsqu'on arrive à quelques endroits où la pente est plus douce et sans zig-zag. Malheureusement, cela n'est pas de longue durée, les pentes se succèdent à de courts intervalles et on recommence bientôt à se trouver entre la roche à pic et l'abîme. Mais à mesure qu'on s'éloigne du sommet de la montagne, la neige devient plus rare, elle empiète moins sur le terrain réservé aux voyageurs et bientôt on jouit de toute la largeur de la route. Le danger existe toujours, mais il est moins grand, deux voitures peuvent se rencontrer sans inconvénient, les tournants sont assez largement tracés pour qu'un attelage puisse facilement passer d'une ligne à l'autre. Cet état est, il est vrai, normal, la présence des neiges ne s'y fait pas sentir pendant les mois généralement consacrés aux voyages; lorsque nous les avons vues, la route n'était ouverte que depuis quelques jours; encore une semaine ou deux, elles auront été rendues entièrement à la circulation. Le voyage est alors plus facile, plus sûr, plus agréable, mais que de beautés inconnues sont perdues pour le voyageur tranquille et sage qui évite ces légers dangers ! Que l'homme se sent petit au milieu de ces montagnes, des vallons profonds, des précipices, des glaces éternelles dont on est entouré, des chutes où l'eau tombe par masses énormes de centaines de mètres de hauteur ! Comme son impuissance se fait sentir en face des rochers à pic qu'il ne peut gravir, des torrents qu'il ne peut traverser, de toutes ces merveilles de la nature dont le moindre éclat lui ôterait cette vie fragile dont il est si fier ! Qu'un caillou se détache de la roche, qu'une branche soit brisée au-dessus de lui, qu'un filet d'eau écarté de la cascade, l'entraîne sur les rochers, et celui qui s'intitule modestement le roi de la création disparaîtra sans même que son corps puisse être retrouvé.

Et pourtant ces montagnes sont habitées, la neige y tombe dès les premiers jours d'octobre et ne commence à fondre que du 15 au 20 mai ; pendant huit mois, les habitants ne voient pas de terre autour d'eux, le thermomètre descend jusqu'à 28 ou 29 degrés centigrades.

En passant près de la douane italienne, je demandai un verre de lait ; il était tellement froid et glacé que je ne pus le boire. Nous étions à cet endroit le 17 mai, le temps était magnifique et le soleil chaud.

Pendant les huit mois de froid, la neige descend assez bas sur la montagne, la plus grande partie de la route en est couverte ; cependant les communications ne sont pas interrompues : des traineaux, attelés d'un cheval guidé par un homme, circulent constamment, le service ne cesse que par des froids excessifs. Mais de bons hôtels sont établis le long de la route : Thusis, Splügen, offrent de bons gîtes, et, quand on descend du côté de l'Italie, on trouve avec bonheur la petite ville de Campo-Dolcino, véritable oasis au milieu du désert. Elle est cependant encore à une altitude de 1,083 mètres.

LE SPLUGEN.

A Splügen même, quand la neige commence à fondre, le site est délicieux : de hautes montagnes l'entourent, un magnifique torrent suit le fond de la vallée et prête sa force à quelques établissements industriels, employés notamment à des scieries mécaniques et à quelques moulins. Cette petite ville est très animée par le passage des voyageurs et des marchandises destinés pour l'Italie par le Splügen ou par le Bernardin.

Après avoir quitté Splügen en descendant vers Coire, la route traverse un pays autrefois défendu par de vieux châteaux dont on aperçoit encore quelques ruines; puis, lorsqu'on a parcouru de nouvelles pentes de montagnes, franchi le Rhin sur un vieux pont, traversé une voûte d'environ vingt pas taillée dans le roc, on arrive à la gorge de Roffla, longue d'une lieue, couverte de forêts longeant un torrent formé par les eaux du Rhin. L'aspect de cette longue gorge est des plus sauvages, on respire plus facilement lorsqu'on en est sorti. On arrive au village d'Audeer, établi dans une jolie situation, au centre d'une riche vallée entourée de montagnes et traversée par le Rhin. A l'extrémité on passe au village de Donat, au-dessus duquel s'élève le pic Beverin ; non loin de là sont les restes du Castel de la Turr, dont le seigneur provoqua, par son mépris et ses rigueurs, vers le milieu du xve siècle, une sédition qui amena la délivrance de toute la contrée du pouvoir tyrannique que du haut de leurs châteaux-forts les hobereaux du temps exerçaient sur elle. Ce seigneur entra un jour dans la maison d'un paysan nommé Jean Caldar au moment où on lui donnait sa soupe ; voulant lui montrer tout son mépris, il cracha dans la chaudière. Le paysan indigné s'écria en lui plongeant la tête dans le liquide bouillant : Mange toi-même la soupe que tu as assaisonnée, et il l'étrangla.

Bientôt on arrive au passage célèbre appelé Via Mala ; la route se resserre. s'engage dans une gorge fort étroite, ne laissant d'ouverture auprès d'elle que pour le torrent. L'eau bondit au fond d'un ravin d'une profondeur d'au moins trois à quatre cents mètres ; les parois du rocher sont tellement rapprochées qu'on aperçoit à peine l'eau bouillonnant sur son lit de pierres. On traverse successivement le torrent sur trois ponts ; l'endroit le plus étroit est auprès du deuxième ; ici on perd l'eau de vue et pendant quelques instants il ne semble voir passer qu'un ruisseau fort inoffensif ; mais bientôt son lit s'élargit, l'eau se répand bondissant et bouillonnant et court ainsi pendant près d'une lieue jusqu'à l'entrée de la vallée de Thusis.

La route, taillée dans le pied de la montagne, est souvent creusée dans le rocher ; dans beaucoup d'endroits il surplombe au point de répandre dans le bas une véritable obscurité. Après avoir marché assez longtemps sous les rochers, on traverse une galerie d'environ trente mètres, ordinairement humide de l'eau qui dégoutte de la voûte. Autrefois le sentier avait à peine un mètre de largeur et pouvait être à juste titre surnommé la Via Mala. Ce long parcours, dans un passage aussi étroit, au milieu d'une demi-obscurité, bordé par un torrent profond et mugissant, surmonté de hautes montagnes à pic, devait inspirer un effroi profond et faire craindre quelques mauvaises rencontres dans ce chemin, où l'on ne pouvait attendre de secours que de Dieu.

De Thusis à Coire, la route est belle, mais ne présente plus l'aspect grandiose et imposant auquel on s'était habitué; les montagnes sont encore là, mais à distance; on voit toujours le torrent, mais il est devenu calme et a pris la figure d'une bonne petite rivière, bien pacifique. Puis, de belles cultures, des terres soigneusement ensemencées, les plus petites anfractuosités mises à profit.

Nous apercevons une foule de châteaux, la route traverse la vallée de Domlischg, renommée par sa fertilité; bientôt une pente assez rapide se fait sentir, nous traversons le Rhin sur un pont de bois couvert à la mode suisse et nous arrivons à Reichenau, localité sans importance, mais riche d'un souvenir philosophique. C'est ici que, pendant près d'un an, le jeune duc de Chartres, depuis Louis-Philippe, roi des Français, professa les mathématiques et la langue française dans un pensionnat qui y existait alors. Il se cachait sous le nom de Chabot. L'approche des armées républicaines l'avait forcé de quitter le canton d'Argovie, où il s'était réfugié ; bientôt l'agitation gagnant le canton des Grisons, il fut forcé de fuir encore et il abandonna, au mois de juin 1794, l'asile qu'il avait trouvé au mois d'octobre précédent. Il avait rempli son année scolaire. Le professeur prenait ses vacances. On conserve religieusement au château, qui était alors le pensionnat, les souvenirs qu'il y a laissés.

Le 31 mai 1854, l'ex-reine des Français venait faire en ce lieu une pieuse visite et s'inscrivait sur le livre des étrangers sous le nom de « Marie-Amélie, veuve du pro-

« fesseur Chabot, » ajoutant que c'était son plus beau titre. Le 31 décembre 1850, elle avait envoyé à M. Deplanta, propriétaire du château, la plume d'acier dont Louis-Philippe s'était servi jusqu'à son dernier jour.

On sort de Reichenau comme on y est entré, en traversant un pont couvert, long de 237 pieds, élevé de 80 pieds au-dessus de l'eau. La route se poursuit à travers de belles et riches campagnes, mais elle ne présenterait aucun intérêt si l'on ne jetait un regard de regret sur le village de Felsberg, à moitié écrasé en 1850 par l'écroulement de grandes masses de roches tombées du Calenda.

Près de là, est le beau village d'Ems, nom flatteur, qui présente à l'esprit le souvenir de son délicieux homonyme des bords du Rhin, de la vallée de la Lahn et des montagnes boisées qui la dominent.

Cependant ici, une relique vénérée appelle l'attention, c'est l'image de la Vierge apportée par les flots sur une colline où on lui a construit une chapelle.

Comment la vague a-t-elle monté sur la colline? celle-ci s'est-elle successivement formée par les alluvions du Rhin et s'est-elle élevée au point où on la voit aujourd'hui, avant qu'on eût construit la chapelle? Je l'ignore, mais la tradition est là, je la respecte.

Encore un peu de temps, et la petite ville de Coire s'offre à nous, c'est un lieu de repos où nous allons passer quelques jours avant de reprendre notre course à travers les lacs et les monts de la Suisse.

COUP-D'ŒIL RÉTROSPECTIF.

XLV.

Lorsque je suis parti, j'avais emporté l'idée que l'Italie était en grand émoi, les derniers évènements de Rome étaient récents; on avait espéré cette fois trouver une capitale! un immense désappointement avait suivi des succès. L'unité, disait-on, était menacée, et chacun en France, suivant son opinion, semblait penser qu'on marchait vers une division; que si le pouvoir suprême se trouvait réuni en une seule main ou une seule assemblée, ce serait au moyen d'une confédération, peut-être même de la réintégration des princes dépossédés. Combien fut grande ma surprise! Presque partout on se plaignait, on était désolé. L'Italie entière avait compté sur Rome, et les assaillants victorieux avaient été obligés par l'intervention d'abandonner leur projet. Les impôts étaient trop lourds, le pain était cher, le cours forcé était ruineux, les dépenses publiques étaient exagérées; la loi si impopulaire du *Macinato* (mouture) survint. Partout je questionnais les uns et les autres, je causais et faisais causer, mais parmi toutes ces plaintes, je n'entendis pas une voix contre l'unité. Cependant, un jour, il y avait eu à Naples des courses de chevaux; un petit journal publia une charge représentant deux jockeys lancés à fond de train, l'un s'appelait Déficit et l'autre Unité; Déficit arrivait le premier et Unité culbutait. Ce fut la seule manifestation que je vis dans toute l'Italie; on souffrait, on se plaignait, mais on ne demandait pas de changement dans la forme du gouvernement.

Je m'étonnai, je l'avoue, de ne pas rencontrer plus d'opposition systématique, surtout dans le pays napolitain, autrefois siège du plus important état de l'Italie, la capitale n'ayant plus de cour, privée par conséquent des avantages que la présence des grands du pays offre à ceux qui les approchent. Eloigné et presque séparé de sa capitale actuelle, ayant conservé une aristocratie qui vivait autrefois de la cour, qui en recevait places, honneurs et dignités; un clergé relevant aujourd'hui d'un état moins absolu et moins pieux que le précédent; une population abrutie, habituée à s'incliner et à ployer le genou devant le prêtre ou le seigneur, on pouvait craindre des tentatives de séparation et de réorganisation d'un royaume isolé. Mais malgré les efforts de l'ex-gouvernement et de son entourage, les idées de liberté se sont répandues dans le peuple; un peu d'instruction s'est introduit dans les villes, quelques prêtres appartiennent au parti du mouvement et de grands seigneurs y ont pris part. On rencontre bien de temps en temps quelques velléités d'opposition, mais il n'y a pas de cohésion; les opposants dans un sens rétrograde sont isolés, n'ont pas d'appui et le peuple s'éloigne d'eux.

Il faut reconnaître aux Italiens en général une intelligence rare, une perception exacte des faits; ceux même qui ne peuvent juger qu'avec leur bon sens, arrivent à des conclusions, les portant à soutenir l'unité parce que là est la force et l'avenir du pays. Sans doute, de temps à autre, on essaye de soulever l'amour-propre du peuple en lui disant qu'il n'est plus napolitain, qu'il est devenu piémontais; mais ses idées droites et positives résistent, il sent bien que son titre particulier se perd dans la dénomination commune, que s'il n'est plus de l'Etat napolitain, il appartient à la grande monarchie italienne. Depuis l'annexion, les gens du droit divin de la légitimité ne cessent de lui tenir ce langage, il n'en est pas ému et huit ans écoulés ne lui ont pas fait accueillir les idées de retour à l'ancien régime qu'il déteste.

Je me trouvai à Naples au moment d'un embarras assez extraordinaire dont tout le pays ressentait les effets; on avait prétendu que des billets faux de cinquante centimes avaient été mis en circulation, et, pour être certains de les trouver, les administrateurs des banques avaient décidé que toutes les coupures de cinquante centimes seraient provisoirement retirées et ne reparaîtraient plus. Aussitôt et par des moyens que je ne puis apprécier, toute la monnaie de billon disparut. C'était un embarras excessif; si l'on voulait dépenser quelques sous que l'on n'avait pas, il fallait donner une livre et l'on ne vous rendait pas, parce qu'on n'avait pas de monnaie. C'était, disait-on, une manœuvre sourde d'opposition, le gouvernement fut obligé de se procurer à grands frais du métal et de faire immédiatement frapper les pièces dont on avait tant besoin.

Si je vous disais qu'il n'y a pas de partis

opposés en Italie, vous ne me croiriez pas et vous auriez raison; il y a ici des légitimistes dont toutes les aspirations sont pour le retour du passé; ce sont ceux qui vivaient des faveurs des anciens gouvernements, ils ne sont pas nombreux et n'ont pas d'appui dans la population; pour qu'ils y en trouvassent, il faudrait que de longues années de misère rendissent le pouvoir actuel insupportable.

Il y a un second parti plus actif, plus remuant, plus énergique, c'est le parti républicain. Il tend à se développer et pousse de profondes racines, mais il n'est pas encore assez fort pour être à craindre, et en tous cas il ne demande pas la rupture de l'unité.

Enfin, il y a le parti conservateur, le plus nombreux, mais aussi le moins actif; celui-là, satisfait de tout ce qui peut assurer sa tranquillité, est toujours prêt à voter et à agir avec le gouvernement; les uns par affection ou par opinion, les autres par crainte de l'inconnu, ils forment une majorité assez compacte pour être un solide appui.

Comme vous le voyez, ces divisions de parti sont les mêmes que partout ailleurs. L'intérêt est toujours la base des actions humaines, les uns veulent ramener un passé qui les plaçait au premier rang; les autres veulent un changement dans l'espoir de trouver mieux qu'ils n'ont, enfin le dernier se trouvant bien, demande à rester comme il est. En somme, malgré tous ces embarras, les intrigues des partis et quelques défaillances imprévues, le sort de l'Italie ne me paraît pas menacé; viennent quelques années de prospérité et tout sera oublié.

Il y a en Italie deux personnalités autour desquelles se groupe l'immense majorité de la nation, c'est le roi Victor-Emmanuel et Garibaldi; tous deux, dans la sphère où ils sont placés, braves jusqu'à la témérité, dévoués à l'affranchissement de l'Italie jusqu'à la mort. L'un aventurier, condottiere entreprenant, ne s'arrêtant devant aucun obstacle, proclamant la fameuse devise : *far da se*, toujours prêt à sacrifier son repos, sa santé, sa vie, jouit dans toute l'Italie d'une popularité sans exemple. Il n'y a pas de ville, de village, qui n'ait une rue ou une place Garibaldi. Son portrait se trouve partout, on le voit aux enseignes avec des paroles élogieuses, comme « Au brave Garibaldi, Au héros de l'Italie, etc. »

Sa conduite a été bien faite pour exercer une grande influence sur un peuple vif, ardent, à imagination exaltée; on voit en lui, l'homme sorti du peuple, resté peuple; on le voit fidèle à l'idée de sa vie entière, l'affranchissement de l'Italie ; on est frappé de tant de courage, de persévérance, de dévouement et de désintéressement.

Garibaldi aurait assurément pu briguer les honneurs, les places, les emplois et monter à l'un des premiers rangs du gouvernement de l'Italie ; il n'en a rien fait, est-ce calcul ? est-ce le résultat d'un instinct naturel ? est-ce mépris des grandeurs ? je n'en sais rien, mais s'il avait agi autrement, il aurait perdu tout son prestige ; il ne serait qu'un employé du gouvernement, tandis qu'il est resté pour tous l'homme de la patrie et de la liberté.

La petite ville de Luino ne s'est pas contentée de décorer de son nom un de ses boulevards, un des artistes du crû lui a taillé une statue en pierre pour la placer au bord du lac. A Cadenabbia, le propriétaire du Grand-Hôtel a fait peindre dans un vaste panneau de la salle à manger, Victor-Emmanuel et Garibaldi à cheval se rencontrant et se serrant affectueusement la main. C'est bien là, je pense, le sentiment vrai de l'Italie, Garibaldi est la révolution incarnée, le risque-tout, toujours prêt à monter à cheval ; Victor-Emmanuel est le régularisateur des actes, quelque peu équivoques au point de vue du droit de l'homme qui apporte toujours à la patrie commune sans jamais rien demander pour lui. Victor-Emmanuel est le soldat prêt à diriger les armées régulières pour compléter ce que l'aventurier a ébauché. Le peuple italien aime la bravoure, le courage, il n'oublie pas que le roi, que ses deux fils se sont toujours montrés au milieu du feu et que leur sang a coulé pour la patrie.

Sans doute il peut y avoir des dissidences assez grandes entre ces deux hommes, mais les tendances sont les mêmes, elles ne diffèrent que sur le moment et le mode d'action. Si Victor-Emmanuel était à la place de Garibaldi, il se lancerait comme lui dans les entreprises aventureuses et ne lui céderait pas sa place au moment du danger : Garibaldi agit, Victor-Emmanuel régularise.

Si l'Italie parvient à acquérir Rome, l'unité sera faite et parfaite; ne nous étonnons donc pas si cette ville est l'objectif de toute sa politique, il n'en peut être autrement. En attendant, le gouvernement italien fait tout ce qui est réalisable pour éclairer le peuple et répandre l'instruction, pour faire disparaître les vieilles superstitions et ramener les idées du culte aux saines et vraies traditions religieuses, pour entretenir et répandre, s'il est nécessaire, le goût et la pratique des arts dans ce beau pays, dont ils ont fait la gloire et la fortune. Partout, les bibliothèques, les musées sont ouverts tous les jours, l'accès en est facile et chacun peut jouir des immenses richesses qu'ils renferment en s'habituant à la beauté des formes, des tons et des couleurs. La vue continuelle des chefs-d'œuvre inspire le goût des arts ; le peintre habitué aux grandes œuvres de Raphaël ou du Titien, marchera sur les traces de ces modèles et le public plus éclairé repoussera les œuvres mal conçues ou mal exécutées.

J'ai vu avec bonheur les bibliothèques fréquentées, la plupart des tables entourées de lecteurs attentifs et recueillis, quelques uns prenant des notes et semblant préparer des écrits ou des œuvres destinés à répandre dans les masses les sciences qu'ils sont venus chercher à leur véritable source.

Si le gouvernement italien s'occupe des

arts, il ne néglige pas le commerce et l'industrie : il multiplie ses efforts pour rendre à Venise sa marine et ses anciens rapports avec la Grèce et le Levant, il cherche à ramener dans ses ports le mouvement et la vie; il y parviendra lorsque ses préoccupations politiques ne le détourneront plus de la voie qu'il veut suivre.

Les services intérieurs se réorganisent, c'est la grande occupation du moment, mais ce n'est pas chose facile d'harmoniser tant d'éléments différents. On n'avait pas à Naples les habitudes de Venise, de Milan ou de Florence, il faut cependant que le même niveau passe sur toutes les administrations et les régularise. Il en est une surtout que les étrangers peuvent apprécier et dont ils admirent l'exactitude et la parfaite organisation, c'est celle des Postes. Partout, les bureaux sont ouverts de huit heures du matin jusqu'à dix heures du soir, l'alphabet est divisé en trois parties et trois employés sont chargés de la distribution des lettres adressées *poste restante.*

A Rome même, il en est ainsi; c'est je vous assure un grand charme d'avoir ses lettres sans être obligé d'attendre au lendemain.

COIRE.

XLVI.

Nous éprouvons l'ennui de la différence des langages : à Chiavenna tout le monde parle italien, ici l'allemand ou son frère le roman sont seuls usités; les rues, les enseignes, les affiches, tout nous présente ces caractères étranges, à peine connus des races latines. On a traversé la montagne et tout est changé : effet ordinaire des barrières naturelles, montagnes ou mers, obstacles aux communications de chaque jour, empêchement à la fusion des langues. Les chemins de fer, la vapeur, ne feront pas disparaître ces empêchements matériels à l'unification des peuples, mais par la multiplicité des rapports, ils effaceront peu à peu les différences de langage, comme déjà les grands états s'efforcent à faire disparaître les différences entre les monnaies. En attendant, sans nous arrêter aux petits empêchements que nous présente la langue tudesque, voyons cette ville de Coire et rapprochons-nous promptement des cantons où la langue maternelle frappera agréablement nos oreilles.

Ici, l'activité se fait sentir, les rues étroites et sombres sont constamment parcourues par des gens affairés. Coire est assez important comme lieu de transit, le chemin de fer y aboutit, il y verse les produits industriels de l'intérieur, et vient chercher ceux du pays ou de l'Italie, apportés par les voituriers de la montagne.

Les curiosités sont peu nombreuses, la cathédrale de Saint-Lucien, seule, offre quelque intérêt par son antiquité, elle remonte, dit-on, au viiie siècle. Mais les sites sont charmants, la vue embrasse les montagnes, le Rhin, la Plessur, jolie rivière, rapide et bouillonnante comme un torrent, des campagnes fertiles et bien cultivées.

Le pays des Grisons, dont Coire est le chef-lieu, est le plus étendu des cantons suisses, il contient 300 lieues carrées, sa population s'élève à environ 92,000 habitants. Cette contrée est couverte de montagnes infiniment ramifiées, de vallons, de lacs et de cimes neigeuses, formant des déserts où les plus intrépides voyageurs ne vont guère.

A peu de distance de Coire, est une curiosité locale des plus intéressantes, les bains de Pfeffers, situés au fond d'une gorge très resserrée, entre des rochers coupés à pic de six à huit cents pieds de haut, et qui est tellement étroite qu'elle laisse à peine assez de place pour la route et la Tamina, torrent rapide et profond qui descend d'un glacier de la montagne. Derrière les bains sont les sources thermales, dont les eaux n'ont ni saveur ni odeur; elles apparaissent dans la gorge à un endroit où elle n'a plus qu'une vingtaine de pieds de largeur. Un chemin, long de cinq à six cents pas, élevé de trente à quarante pieds au-dessus de l'eau, passe entre de hauts rochers noirs et humides ; ce chemin, composé de fortes planches, repose sur les saillies du rocher ou sur de fortes piles en maçonnerie ; il ne présente certainement aucun danger, mais on ne peut se défendre d'une certaine émotion en se voyant suspendu dans cette gorge étroite, entre des murailles naturelles, qui surplombent et se rapprochent dans le haut, sur un pont dont la solidité peut être douteuse. Cette gorge, l'une des plus belles de la Suisse, n'a d'équivalent que celle du Trient, située près de Sion, encore celle-ci est-elle moins sauvage et moins abrupte que celle de la Tamina.

Mais je m'aperçois que je me lance dans une description de la Suisse, ce n'est pas mon but, aussi je m'arrête et vous souhaite un voyage aussi charmant, aussi agréable, aussi exempt d'ennuis que celui que je viens de faire, et vous reviendrez, comme moi, enchanté et enthousiasmé de tout ce que vous aurez vu.

Maintenant la suite à Paris et adieu.

TABLE

Nice	1
Cimiès	7
Saint-Pons	8
La Corniche	11
Villefranche	12
Ezy	Ib.
Roquebrune	Ib.
Turbie	Ib.
Monaco	13
Menton	19
Vintimille	20
San-Remo	Ib.
Bordighera	21
Port Maurice	22
Ceriale	25

Piétro.................... Ib.
Finale.................... Ib.
Savone.................... Ib.
Gênes........................ 26
Alexandrie................... 42
Marengo...................... 43
Pistoja...................... Ib.
Pise......................... 47
Livourne..................... 53
Florence..................... 56
Rome......................... 90
    Saint-Pierre............. 94
    Saint-Jean de Latran..... 116
    La Scala Santa........... 121
    Sainte-Marie majeure..... 122
    Saint-Paul hors des murs. 124
    Les trois fontaines...... 126
    Plusieurs églises........ 129
    Le Pape.................. 133
    Gouvernement............. 135
    Cérémonies religieuses... 142
    Histoire................. 154
    Antiquités............... 159
    Fontaines................ 176
    Inhumations.............. 178
    L'Heure.................. 181
    Police................... 182
    Armée.................... 186

Monte Rotondo. 190
Beaux-arts 202
Palais et galeries
    Le Quirinal. 206
    Borghèse. 207
    Corsini. 209
    Colonna 210
    Doria 211
    Farnèse 212
    Vatican. 217
Musées.
    Des Conservateurs 227
    Capitolin . . . . *Ib.*
Naples. 230
    Le golfe 238
    Les églises. 240
    Le musée. 247
    La ville. 250
    Le palais. 259
Pompeï 263
    Le Vésuve 267
Caprée. 271
Ancône. 276
Notre-Dame-de-Lorette. 277
Bologne. 285
    Les Eglises. 288
    L'Université 290
    Musée. 292

Venise. 295
    La Gondole. 298
    La Piazza. 300
    Saint-Marc 306
    Palais des Doges. 313
    Pont des Soupirs. 317
    Cachots. . . . . *Ib.*
    Académie des Beaux-Arts. 522
    Eglises. 524
    Le grand Canal. 534
    Les canaux. 545
Padoue. 548
Vérone 557
Magenta. 367
Milan. 571
    La Cathédrale. 572
    Eglises. 379
    Les Musées. 384
    Promenades. 391
Turin 396
Les Femmes. 407
Le Carnaval. 411
Arona. 413
Lac Majeur. 414
Luino. 421
Lugano. 425
Lac de Côme. 428
Chiavenna 436

TABLE.

Le Splügen 438
Reichenau 449
Coup d'œil rétrospectif. 452
Coire. 465

Rouen. — Imp. de H. Boissel.

www.ingramcontent.com/pod-product-compliance
Lightning Source LLC
Chambersburg PA
CBHW072112220426
43664CB00013B/2091